中国东北边疆历史文献丛书

刘立强 刘海洋 韩　钢◎主编

何海波◎点校

盛京典制备考

科学出版社

北　京

内 容 简 介

　　《盛京典制备考》描述了盛京的舆图、疆城、城池、宫殿、山陵、庙寺和祀祠，记述了盛京将军的职权和管理范围，及其所属公司的职官设置与职责，还列举了盛京所属各城旗的驻防和军队情况，是研究盛京地区历史沿革重要的专题资料。

图书在版编目 (CIP) 数据

　　盛京典制备考 / 刘立强，刘海洋，韩钢主编 .—北京：科学出版社，2016.6

　　（中国东北边疆历史文献丛书）
　　ISBN 978-7-03-049328-6

　　Ⅰ．①盛… Ⅱ．①刘… ②刘… ③韩… Ⅲ．①沈阳市 – 地方史 –史料 – 清代 Ⅳ．① K293.11

中国版本图书馆 CIP 数据核字（2016）第 150990 号

責任編輯：董晓舒 孙永凤 / 責任校对：郑金红
責任印制：徐晓晨 / 封面设计：八度出版服务机构
编辑部电话：010-64005207
E-mail:dongxiaoshu@mail. sciencep.com

科 学 出 版 社 出版
北京东黄城根北街 16 号
邮政编码：100717
http://www.sciencep.com
北京京华虎彩印刷有限公司印刷
科学出版社发行　各地新华书店经销
*
2016 年 6 月第　一　版　开本：720 × 1000　1/16
2016 年 6 月第一次印刷　印张：12 1/2
字数：146 000
定价：65.00 元

（如有印装质量问题，我社负责调换）

中国东北边疆历史文献丛书

编　委　会

目 录

iii

目录

序

粤稽往籍典谟，聿著勋勤，缅溯成周官礼，特详制作。盖体天出治受命造邦，罔不缔构艰难，经营劫苾，逮九功叙，百度贞，率土观成，群情向化。举凡条教政令，布在方策，贤者识之而弈，世奉为法守，自古然也。我朝自太祖、太宗乘乾出震，圣圣相承，膺景命于沈阳，运神谟于辽左，经纶丕焕，疆宇宏开，启祚发祥，肇基建极，山川效钟毓之灵，黎庶享丰盈之乐。逮世祖定鼎京都，奄有九夏，声教布于寰海，恩威被于藩服，乃以盛京为留都，钦命大臣镇守，置各部侍郎及府尹率属治事，视周之邠岐，汉之丰沛，为尤重焉。

光绪二年冬，崇厚奉命权篆，下车伊始，庶务殷繁，深恐掌故未谙，致形丛脞。适崇协领善以手录特忍菴将军前任兵司时记载一编，呈阅甚获益焉。盖是编于疆域、城池、宫殿、坛庙、山陵暨殿阁所尊藏、档库所恭储，莫不详备。其余如官职兵制、农田水利、边疆驿站之大，佃渔畜牧之微，皆条分类聚，粲若列星，洵可为文献之征，有裨政治，非浅鲜也。惟岁久传写颇有讹漏，且政贵因时沿革，即有不同，乃延友人厘订增辑而编次之，并录先兄文勤公奏议数篇及崇厚偕岐司农元、恩京兆福会议奏疏附于简末。盖先兄在任时，于定东边、肃吏治、整练军、靖盗源诸大端皆竭诚殚虑，恳切敷陈，上蒙恩允，量予变通，创办一切，事尚未竟。今幸边务甫定，而崇厚奉命内召，适是编告成，爰书其梗概于简端，留以为考证者之一助云。

光绪四年岁次戊寅季夏，太子少保头品顶戴署理，盛京将军兼管兵刑两部、总督奉天等处地方军务兼理粮饷吏部左侍郎崇厚谨叙。

点 校 说 明

一、本点校本以天津图书馆藏清光绪四年奉天督署刻本《盛京典制备考》的影印版为底本。

二、该点校本将原书中的繁体字均改为简体字。

三、为保持原貌，①对原书中的异体字、古字、通假字予以保留，并用脚注的形式予以说明；②对原书中的错讹之处，包括错字、衍字、脱字等均用脚注的形式予以纠正。

四、原书中，有些地名，如"汪清"和"旺清"，不会对读者造成歧义或误解，为保持原貌，点校时一仍其旧，未作更改。

五、原书使用序号与现行标准不一，点校时按现行语体文规范一并改正。

解　题

　　《盛京典制备考》由时任盛京将军崇厚辑录，于清光绪四年（1878年）成书刊行。清光绪二年，崇厚之兄盛京将军崇实逝世，农历10月，崇厚由兵部侍郎调任盛京将军。为更好地了解当地的典章制度、疆域地理、军队驻防等事宜，有效开展政治、经济、军事等方面的建设，崇厚特编写《盛京典制备考》一书。

　　崇厚（1826-1893年），字地山，完颜氏。内务府镶黄旗人，清末洋务运动代表人物之一，先后担任过长芦盐运使，兵部、户部、吏部侍郎，盛京将军，左都御史等。《盛京典制备考》是其最具代表性的著作。

　　《盛京典制备考》是一部政书类文献，全书近10万字，共分八卷。第一卷主要描述舆图、疆域、城池、宫殿、山陵及三陵额设职官兵役，并记载了勘查龙脉设立封堆之过程；第二卷主要介绍庙寺和祀祠，包括盛京及其周围各厅、州、县的十二庙、二十八寺和三祠；第三卷主要包括两部分的内容，一是将军管理宗室觉罗事宜，包括宗室觉罗俸饷和宗室觉罗学设置等事宜，二是将军管理内务府事宜，包括职官设置及广储司、营造司、掌仪司、会计司、都虞司应办事宜；第四卷主要阐述将军署分司事宜，包括印务处、折本房、司务厅和户礼兵刑工五司、步营司、督捕司、恩赏库、围场处、牧群司、马政处、捐输局和官参局设置及应办事宜；第五卷详述恩赏库、督捕步营司、马政处、牧群司、围场处、捐输局、官参局设置及应办事宜；第六卷主要介绍户、礼、兵、刑、工五部职官设置及应办事宜；第七卷主要介绍各城旗驻防、奉天职官和练军、客军、捕盗营弁兵数目，以及审理词讼和缉捕章程、盐捐章程等；第八卷收录了盛京将军和奉天府府尹等奏折数篇，主要涉及整顿吏治、改革租税、增官添兵、筹议边务等内容。

《盛京典制备考》对盛京地区的疆域城池、宫殿庙宇、皇陵，以及政治、经济、军事制度记载翔实，条分缕析，是撰述疆域城池、典章制度类书籍的典范。该书不仅详细记述了当时的盛京，还辑录了先前史书关于盛京地区的相关记载，可补《盛京通志》之缺，是研究盛京地区历史沿革不可或缺的专题资料。

盛京典制备考卷一

盛京典制备考卷一目录

盛京全图

盛京历代郡县建置考

盛京方域，东接长白山，南竟海，西至山海关，北及蒙古达尔罕王诸旗游牧地，东西一千七八百里，南北一千三四百里，地大物博，泉甘土肥，所谓宇宙之奥区，灵秀之所钟毓也，在唐尧时为青州、冀州之域。舜分冀州东北为幽州，即今辽河以西地；分青州东北为营州，即今辽河以东地。按今金州西渡山东之罘，仅海程数百里，故前明辽东科举附于山东。国初时，山东莱州府尚有复州、金州二卫学，系辽人寄籍，雍正五年裁。禹仍尧旧，汤仍舜旧，在周为幽州。《周官·职方氏》："东北曰幽州，其山镇曰医巫闾"，为箕子封国，稷慎即肃慎、濊貊、良夷诸国皆属焉。战国属燕，秦伐燕，燕王喜走，保辽东辽之名始此。始皇既灭燕，遣蒙恬筑长城，击走东夷，以其地置辽东西郡。汉初，仍秦置，为燕王卢绾封地。后绾亡，入匈奴地，为卫满所略。至卫满孙右渠，武帝遣将讨灭之，置乐浪、元菟、真番、临屯四郡。昭帝时，省真番、临屯，并入乐浪、元菟。汉末，公孙度据有辽东，传孙渊，司马懿讨平之，分辽东、昌黎、元菟、带方、乐浪为平州。晋世，高句丽略有辽东，百济略有辽西，后平二郡改为辽东国，其昌黎四郡隶平州如故。东晋时，慕容廆为平州刺史。旋有永嘉之乱，遂为廆所据，立冀阳、成周、营邱、唐国诸郡。子皝又立西乐郡。北魏置平州，领辽西，置营州，领辽东。历北齐、北周，辽东各郡渐为高丽奚部所侵。隋开皇三年，讨破高宝宁，于黄龙置营州。大业三年，复置辽西郡。唐太宗征高丽得盖牟城，置盖州；得辽阳城，置辽州；得白崖城，置岩州。五代后唐明宗时，契丹陷平州，又陷营州，自是地入于辽，在辽为东京道辽阳府、中京道大定府地；在金为东京路辽阳府、北京路大定广宁府地；在元为辽阳、广宁、大宁、沈阳、开原诸路地。明洪武四年置定辽都卫，六年置辽阳府县。十年，因元辽阳路置定辽中卫、左卫、右卫，东宁卫，海州卫，盖州卫，复州卫，金州卫；因元广宁路置广宁中卫、前卫、后卫；因元大宁路置广宁中屯卫、前屯卫、后屯卫、左屯卫、右屯卫，宁远卫，义州卫；因元沈阳路置沈阳中卫、左卫、右卫，沈阳中屯卫，铁岭卫；因元开原路置三万卫、辽海卫，改定辽都卫为辽东都指挥使司，统领诸卫，而府县遂废。永乐间，复置自在、安乐二州，隶山东道。盖自唐虞以迄元明，其建置有不同，亦幅员有攸殊也。

我太祖肇基兴京，天命十年，增修沈阳城，建为盛京。迨太宗有杏山、松山之捷，抚有全辽。世祖定鼎燕京，奄有九夏，遂以盛京为留都。顺治元年，悉裁诸卫，设内大臣副都统及各旗驻防镇守之。十年，以辽阳为府，置辽阳、海城两县。十四年，省辽阳府，以沈阳为奉天府，置府尹。康熙三年，于故广宁卫地设广宁府，领广宁县、锦县、宁远州。四年，改广宁府为锦州府，移治锦县。是年，奉天府添设承德、盖平、开原、铁岭四县，改辽阳县为州。十二年，于故复州卫地设复州，于故金州卫地设宁海县，后仍改为金州，于锦州府增设义州。乾隆三十七年，于奉天府增设岫岩州。嘉庆十二年，增设新民厅。十八年，增设昌图厅。光绪二年，置凤凰、直隶厅，增设安东县。三年，增设宽甸县，分岫岩州，均隶凤凰厅。是年，升兴京理事通判为抚民同知，增设怀仁、通化二县隶焉；又升昌图厅为府，增设奉化、怀德二县隶焉。奉天府府尹行巡抚事，通省府、厅、州、县均归统辖。奉天府自领厅二，曰金州，曰新民；州二曰辽阳，曰复州；县五曰承德（附郭），曰海城，曰盖平，曰铁岭，曰开原。锦州府所属州二，曰宁远，曰义州；县二曰锦县（附郭），曰广宁。昌图府所属县二，曰奉化，曰怀德。兴京抚民同知所属县二，曰通化，曰怀仁。凤凰厅所属州一，曰岫岩；县二曰安东，曰宽甸。

疆域

盛京城距京师一千五百里，东至朝鲜国瑷阳江界一千三百余里，西至山海关八百余里，南至大海七百三十余里，北至吉林界、蒙古部落三四百里不等。

城池（附外郭、水栅、内池、钟鼓楼）

盛京城，天聪五年，因金辽沈州旧治，拓其制，改筑高三丈五尺、厚一丈八尺女墙，高七尺五寸、周围九里三百三十一步垛口六百五十有一。城门八，门楼如之。角楼四。东二门，左曰抚近，右曰内治。南二门，左曰德盛，右曰天佑。西二门，左曰怀远，右曰外攘。北二门，左曰地载，右曰福胜。每门原设大码一位。

池　宽十四丈五尺，周围十里二百零四步。

郭　康熙十九年增筑，高七尺五寸，周围三十二里四十八步，亦设八门。

水栅　外郭东南隅，原建水栅二座，各宽十余丈，沈水分出焉。按小沈水，俗名五里河，自东关观音阁东泉水发源，由二水栅分流出郭。

内池　城内有池七十二，土人名曰泡子。夏秋雨潦，归之水不外泄，而无泛溢之虞。城内藉其潴蓄为不时之备云。

钟鼓楼　钟楼一，在福胜门内大街；鼓楼一，在地载门内大街。

兴京城，在辽金时为沈州地，明初建州卫于此，我太祖高皇帝发祥之地，天命元年以为都城，距盛京城二百七十里。其城周五里，南一门，东二门，北一门。外城周九里，南三门，北三门，东二门，西一门。太宗文皇帝天聪八年，改称兴京。乾隆二十八年，以锦州理事通判改驻，与熊岳通判所辖之哨子河分界管辖。光绪元年，添设副都统一员，守护陵寝。四年，改通判为抚民同知，移驻新兵堡。

东京城，太祖高皇帝天命六年，筑在太子河东，距辽阳州城八里。其城周六里零十步，高三丈五尺，东西广二百八十丈，南北袤二百六十二丈五尺。城门八，东左曰迎阳，右曰韶阳；南左曰龙源，右曰大顺；西左曰大辽，右曰显德；北左曰怀远，右曰安远。天命十年，迁都盛京，遂于东京设城守章京。康熙二十年，城守改筑金州城内，即宁海县，宫殿与城同时建。迁都后，令管理驿站官守护。

谨案通志载述附录

盛京城为坛庙、宫殿所在，谨先志之以明皇业之有本也。至兴京城，为发祥初基。东京城虽国初暂建，然创业伊始，肇域自东，遂奄九，有允宜缕述，以昭景运。

盛京城本辽金沈州治，元为沈阳路总管府治，明为沈阳卫。洪武二十一年，指挥闵忠因旧址筑门四，周围九里三十步，高二丈五尺；池二重，内阔三丈，深八尺，周围一十里三十步，外阔三丈，深八尺，周围一十一里有奇。我太祖高皇帝天命三年，城介藩；六年，城萨尔浒，又城东京；天命十年，迁沈阳。天聪五年，因旧城增拓其制改筑焉；八年，更名曰盛京。顺治元年，迁都京师，监往代留都之制，设官镇守。康熙十九年，奉旨筑关墙（即外郭）。

兴京城在辽金时为沈州地，明初置建州卫于此，我太祖高皇帝发祥之地，距盛京城东微南二百七十里。太祖高皇帝癸卯年创建内城，己巳年乃增筑外城。太宗文皇帝天聪八年，改称兴京。

东京城，我太祖高皇帝创业之初，筑城于此，一以经画宁锦，一以控制沈辽，圣谟深远，制胜有方，与《周颂》所云"天作高山，太王康之"有同轨焉。

宫殿

大政殿，崇德二年建在城中央，南向，殿制八隅，左右列署十，音乐亭二。其殿前左右二署为左右翼王、大臣议政所。其次，东四署为镶黄、正白、镶白、正蓝四旗官员朝集所；西四署为正黄、正红、镶红、镶蓝四旗官员朝集所。自顺治元年定都京师，奉天府文武各官每月初五、二十五等日恭诣朝集。凡年节万寿，各官恭诣行礼如制。殿后为銮驾卤簿库。

大内宫阙，崇德二年建在大政殿之西，正门曰大清门（东西设奏乐亭，迤西为内务府堂、档房，南设东西司房、东西朝房，正南照壁一座），左阙门曰文德坊，右阙门曰武功坊。大清门内正中为崇政殿，本名曰笃恭殿（乾隆十三年设左右翊门），殿前东为飞龙阁，阁后直房七楹，井亭一座。殿西为翔凤阁，阁后直房七楹。房南转角九楹，偏厦三楹。殿后正中为凤凰楼，楼前东为师善斋日华楼，西为协中斋霞绮楼。凤凰楼后正中曰清宁宫，宫后东西配房各三楹，宫之东曰衍庆宫、关雎宫，西曰永福宫、麟趾宫。清宁宫之东院为敬典阁，前为介祉宫，又前颐和宫。清宁宫之西院为崇谟阁，前为继思斋，又前保极宫，又前迪光殿，殿西院为文溯阁，阁后为仰熙斋，阁前为嘉荫堂。

坛庙

　　天坛　德盛门外

　　地坛　抚近门关外

　　社稷坛　天佑门关外

　　风云雷雨坛　天佑门关内

　　先农坛　德盛门外　藉田坛前

　　堂子　内治门外

　　国初祀

　　天神之所

太庙

　　初建在抚近门外，尊祀列祖神御。崇德元年，始定仪制。乾隆四十三年，移建于大清门之东。

山陵

　　永陵山，曰启运山，在兴京城西北十里，省城东二百六十里，奉安肇祖原皇帝、原皇后，兴祖直皇帝、直皇后，景祖翼皇帝、翼皇后，显祖宣皇帝、宣皇后，均于启运殿恭奉。神位宝顶台阶下左侧葬武功郡王，讳礼敦巴图鲁；

次左葬恪功贝勒，讳塔察偏古。殿前碑四通，护以亭。

恭查乾隆四十三年钦定盛京通志载三陵规制

永陵：启运山在兴京城西北十里。初肇祖原皇帝原皇后、兴祖直皇帝直皇后之陵共一山，称兴京陵。景祖翼皇帝翼皇后、显祖宣皇帝宣皇后之陵共一山，称东京陵，在奉天府城东二百五十里。顺治五年十一月，南郊始追上列祖尊号。八年，封兴京陵山为启运山，东京陵山为积庆山，均从祀方泽。十三年，于陵山周围立界址，界内禁止采樵。十五年，奉移东京陵改袝兴京，罢积庆山祀典。十六年，尊为永陵。十八年，立迁祖永陵庙碑，陵前宝顶上有瑞榆一株，轮困盘郁，圆覆城隅。乾隆四十三年，御制《神树赋》，勒石西配殿。

福陵山，曰天柱山，在省城东二十里，奉安太祖高皇帝、孝慈高皇后，隆恩殿恭奉神位。殿前圣德神功碑一通，护以亭。寿康太妃园寝在右。园内附葬安布福晋、绰奇德和母。

恭查乾隆四十三年钦定盛京通志载三陵规制

福陵在奉天府城东北二十里。顺治八年封山曰天柱山，从祀方泽。

召陵山，曰隆业山，在省城西北十里，奉安太宗文皇帝、孝端文皇后，隆恩殿恭奉神位。殿前立圣德神功碑，护以亭。懿靖太贵妃园寝在右。园内附葬康惠淑妃及格格等九位。

恭查乾隆四十三年钦定盛京通志载三陵规制

昭陵在奉天府城西北十里。顺治八年封山曰隆业山，从祀方泽。

三陵额设职官兵役

盛京将军总理，凡总管、专管巡查陵山、树木、河道，俱系京缺五年，报满更换。其余官员俱系驻防缺。

凡掌关防官，专管内殿陈设，做办祭物。

凡四品官，专管千丁夫役、芟刈外园荒草、烧造砖瓦、备办灰觔，以供岁修。

永陵额设总管一员，翼长二员，八旗满洲防御十六员，笔帖式二员，领催四名，马兵一百八十五名内有国戚、舅氏之子孙兵至十八岁者，作为马兵，随岁增添，未及百名，章京品级三员由国戚、舅姨子孙兵内挑放，掌关防官一员，副关防官二员内管领、尚膳正兼理，内管领一员，副内管领一员，尚膳正一员，尚膳副一员，尚茶副一员，笔帖式二员，尚膳人八名，尚香人四名，拜唐阿十二名，摆桌人八名，厨役十二名，院户领催壮丁四十名，四品官一员，外郎二员，领催八名四品官所属，俱盛京工部管辖，各项匠役十三名，牛羊馆管达二员，喂牛羊壮丁二十名。

福陵总管一员，翼长二员，八旗满洲防御十六员，笔帖式二员，世袭云骑尉六员，世袭六品官一员，世袭七品官五员，世袭八品官四员，领催四名，马兵七十六名，章京品级六十五员由国戚、舅姨子孙兵内挑放，舅姨子孙兵一百名，掌关防官一员，副关防官二员内管领、茶膳正兼理，内管领一员，副内管领一员，尚膳正一员，尚膳副一员，尚茶正一员，尚茶副一员，笔帖式二员，尚膳人八名，尚茶人六名，尚香人六名，拜唐阿十五名，摆桌人八名，院户领催壮丁二十名，各项匠役二十三名。

太妃园寝首领二员由兵挑放，兵十八名，四品官一员汉军袭缺，外郎二员，领催八名。

昭陵总管一员，翼长二员，八旗满洲防御十六员，笔帖式二员，世袭头等侍卫兼轻车都尉一员，世袭头等侍卫兼骑都尉一员，世袭云骑尉四员，世袭六品官七员，领催四名，马兵七十六名，章京品级二十员由国戚、舅姨子孙兵内挑放，舅姨子孙兵一百名，掌关防官一员，副关防官二员内管领、尚膳正世袭，侍卫内兼理，内管领一员，副内管领一员，尚膳正一员，尚膳副一员，尚茶正一员，尚茶副一员，笔帖式二员，尚膳人十名，尚茶人八名，尚香人六名，拜唐阿三十四名，院户领催壮丁二十一名，各项匠役六十五名。

贵妃园寝首领二员由兵挑放，兵十九名，四品官一员汉军佐领公缺，加支俸米一百零五斛，外郎二员，领催八名。

以上三处，凡总管，俱三品俸，随缺地各八十日。翼长俱四品俸，随缺地各六十日。防御俱五品俸，随缺地各四十日。笔帖式随品级俸粮，随缺地各三十日。章京品级同食二两饷，随缺地各二十五日。舅姨子孙兵同食二两饷，随缺地各十五日。领催随缺地各十日。马兵随缺地各十日。掌关防官同四品俸，岁支俸米一百零五斛，随缺地各六十日。副关防官岁支俸米各八十斛。内管领同五品俸，银八十两，米八十斛，随缺地各四十日。茶膳正俱五品俸，不支米，随缺地各四十日。副内管领及茶膳副，俱食二两饷，随缺地各三十日。茶膳人及香灯人俱食二两饷，随缺地各十五日。拜唐阿食一两饷者，有随缺地十五日、十日不等；食五钱饷者，随缺地各十日。匠役食五钱饷者，厨役支领米盐者，院户支领布绵者，三项各有缺分定数。园寝二处首领由兵挑放，食原饷，原随缺地。外郎俱食二两饷，领米三十斛二斗，随缺地各二十日。领催俱食二两饷。

奏请三陵官俸按照八成实银支放折

光绪元年十一月，署将军刑部尚书崇实具奏。奏为守护三陵文武官俸不敷应差，谨援案，恳恩改放八成实银，以示体恤，恭折奏祈圣鉴事。窃奴才援据三陵总管、关防等官□衔禀称，职等均系贫苦之员，别无恒产，只有赖俸当差。自折放五成官俸以来，积年不敷应差，甚至衣冠不整，倍形蓝缕，请援照东西两陵官俸，改放八成实银等因。奴才当查三陵衙门未准户部咨行改放东西两陵官俸八成实银之案，旋经咨查马兰等镇，去后，兹准马兰镇总兵抄录部文。咨覆前来所有户部议准，东西两陵官俸改放八成实银系于同治元年十二月初二日具奏，奉旨依议，钦此。奴才伏查，守护三陵官员巡山值班内外，稽查差务殷繁，该员等向例除领俸银外，别无他项进款。现在所领五成实银，非但不敷养赡，即以之应差，尚觉艰窘异常。目击情形，殊堪矜悯。且东西两陵官俸业经部议改放八成实银，三陵各官事同一律，现在仍领五成实银未免向隅。虽刻下库款尚未充裕，惟查三陵额设文武各官员数无多，即使量加调剂，所费亦不甚巨，合无仰恳天恩，俯念该员等现领五成俸银实属不敷应差，可否援照东西两陵成案，自明年春季为始，改放八成实银，以示体恤之处，出自逾格鸿慈。所有奴才援案请放官俸八成实银缘由，是否有当，理合恭折具奏，伏乞皇太后、皇上圣鉴训示，遵行，谨奏。奉旨，户部议奏，钦此。于光绪二年二月二十一日经户部议准，奉旨依议，钦此。

附录同治八年钦派礼部主事张元益恭勘永陵龙脉设立封堆说帖

礼部主事张元益谨勘得永陵旺清边外风水禁地，应行封禁之处，敬谨依定永陵启运山后正岭逐细上溯查勘，先附龙脉之左而行，西北至总岭、新开岭东，绕为盘岭，东南绕至平岭，由此过岭。附龙脉之右而行，南转为文子壕，东折为水晶宫等处，又东为东南岔岭。以上诸岭，岭右诸水俱入浑河，岭左诸水俱入苏子河。由此越岭，又附龙脉之左而行，山势北转，又绕而东南为金厂岭，岭南即属边界，山势至此跌断。过脉左右两水分流，岭左诸水俱会为夫尔江，南流过旺清门，会浑江入南海。岭右诸水俱会为伊统河，东北会辉发河等水入东海。因即谨拟金厂岭为西界封禁第一处。登高审视，见东南峰峦层叠，密林丛翳，询及土人，金云无车路可通。乃仍过岭，附龙脉之右而行，东北至舞凤楼，出边弃车乘马，取道深林，陷甸中，逐步履勘，日行不过二三十里。东南绕至帽盔山，见三峰耸峙列为右幛，极其圆静，西北距金厂岭三十里，南距太平岭（俗名稚巴岭）八里，峰下河水环流，中有黑石，名为黑石沟，因谨拟为封禁第二处。从此复入深林寻路，前进交枝牵衣，倒木横地，崎岖鸟道，人马时虞扑跌。行至双山子，见山势环抱有情，与西北帽盔山遥遥相对三十余里，谨拟为封禁第三处。过此东行，金云附岭右界实无路可通，乃由六里之瑚玛岭越龙脉之左而行，至八里河，是即蜊蛄河，掌东南，受诸水，入浑江。此处峰峦耸翠，为龙脉左界附近护山，因谨拟为封禁第四处。仍依左界沿蜊蛄河前行，约四十里，至小荒沟门，东西山排列如俯，北与龙脉正岭相距八里，谨拟为封禁第五处。由此东行，又绕山而北，登清岭，上有三小石庙，谨拟为封禁第六处。由此北行过岭八里，至北坡口门，西北距双山子四十里，皆属右界一带，林木深茂，众山环峙如拱，谨拟为封禁第七处。由此南旋，仍登清岭，步岭东行，至八里邯郸坡高岭下，西北距北坡口门十余里，西南距小荒沟门十余里，再四周历审度，见东来脉气至此停顿，局势宏敞，左右护山辅而西行，备极周密，万世帝业肇基诸此，因拟为封禁第八处。东界封禁，即谨拟自此画始焉。由此回道西南，逐地查勘一路山势，去龙脉渐远，至旺清门，复履夫尔江界沿边，北查至金厂岭南，逐细详视，其三道沟内边条子沟为夫尔江发源之所，东北距太平岭五六里，东南距八里河四十里，其间山势盘曲，回环拱卫，允宜列为左屏，谨拟为封禁第九处。

除已谨拟封禁标记外，自西界至东界，足力所不能到、目力所未能周之处，凡左右附近护山、随山之曲折五六里、八九里不等，均关龙脉山向，统拟一律封禁，以清界限而臻完备，合计周围封禁山界约二百数十余里，谨具说呈。

殿阁尊藏

供奉圣容

凤凰楼三间上层设金龙柜十五顶，上设顶箱供奉太祖高皇帝圣容、太宗文皇帝圣容、世祖章皇帝圣容、圣祖仁皇帝圣容、世宗宪皇帝圣容、高宗纯皇帝圣容、仁宗睿皇帝圣容、宣宗成皇帝圣容中层、文宗显皇帝圣容中层。又供奉高宗纯皇帝行乐图十三分、熏貂冠皮镶边朝服图、御盔甲乘马图、清凉冠裕朝服图、万国朝贺图、元宵行乐图、春原阅骏图、古制衣冠图、观月行乐图、游戏黄庭手卷、岁朝行乐图、威弧获鹿手卷、御容玻璃挂屏、圆光行乐图、仁宗睿皇帝春苑展书行乐图、宣宗成皇帝行乐图中层。

尊藏御宝

凤凰楼中层设金龙柜十五顶，尊藏宝十颗，谨按乾隆十一年奉旨将国初行用十宝赍送盛京尊藏楼之中层，其宝文曰：大清受命之宝满汉篆文，碧玉，方四寸八分，厚一寸九分，麒麟纽，高二寸四分，皇帝之宝满汉篆文，青玉，方四寸八分，厚一寸九分，交龙纽，高二寸七分，皇帝之宝满汉篆文，碧玉，方五寸，厚一寸八分，盘龙纽，高三寸，皇帝之宝满篆文，栴檀香木，方三寸八分，厚六分，素纽，高五分，奉天之宝满篆文，金，方三寸七分，厚九分，交龙纽，高二寸，天子之宝满篆文，金，方三寸七分，厚九分，交龙纽，高二寸，奉天法祖亲贤爱民满汉篆文，碧玉，方四寸九分，厚一寸五分，交龙纽，高二寸，制诰之宝汉篆文，青玉，方四寸七分，厚二寸，交龙纽，高二寸二分，敕命之宝满汉篆文，青玉，方三寸七分，厚一寸八分，交龙纽，高二寸五分，广运之宝汉篆文，金，方二寸四分，厚八分，交龙纽，高一寸五分。

御制宝谱记□通志恭录

乾隆十一年春，阅交泰殿所藏诸宝，既详定位置，为文记之，其应别储者分别收储，其文或复见。及国初行用者，为数凡十。虽不同于现用诸宝，而未可与古玩并列，因念盛京为国家发祥之地，祖宗神爽，实所式凭，朕既重缮列祖实录，尊藏凤凰楼上，觐扬光烈，传示无疆，想当开天之始，凝受帝命，宝符焕发，六服承式，璠玙孚尹，手泽存焉。记不云乎："陈其宗器，圭璧琬琰，陈之西序，崇世守也。"爰奉此十宝，赍送盛京，镌而藏之，而著其缘起如此。乾隆十一年，岁在丙寅孟春日，御制。

谨案通志述

太宗文皇帝实录载，天聪九年八月庚辰出师，和硕墨尔根戴青贝勒多尔衮，贝勒岳𬭊、萨哈廉、豪格等征察哈尔国，获历代传国玉玺。先是相传兹玺藏于元朝大内，至顺帝为明洪武帝所败，遂弃都城，携玺逃至沙漠，后崩于应昌府，玺遂遗失。越二百余年，有牧羊于山岗下者，见一羊三日不啮草，但以蹄跑地，牧者发之，此玺乃见。既而归于元后裔博硕克图罕，后博硕克图为察哈尔林丹罕所侵，国破，玺复归于林丹罕。林丹罕亦元裔也。贝勒多尔衮等闻玺在苏泰太后福金所，索之，既得，视其文，乃汉篆"制诰之宝"四字。璠玙为质，交龙为纽，光气焕烂，洵至宝也。多尔衮等言："皇上洪福非常，天锡至宝，此一统万年之瑞也。"因具疏以闻。癸未文馆甲喇章京鲍承先奏言："皇上圣德如天，仁政旁达苞符，协应大宝呈祥，天赐玉玺乃非常之吉兆也。当勒工部制造宝函，取择吉日，躬率诸臣郊迎，由南门入宫，以膺天眷而昭符瑞，仍以得玺之由书于勅谕，钤用此宝，颁行满、汉、蒙古，俾远近闻知，咸识天命之攸归也。"上从之，敬识得玺之由，垂示万世，永永无极云。

册宝

乾隆四十五年六月，奉旨太庙尊藏册宝，应选和阗良玉另镌一律，以彰符命所有，太庙原藏册宝十六分，恭送盛京太庙尊藏。四十八年，特命皇子亲王赍送盛京太庙，敬谨尊藏太祖高皇帝尊谥玉册玉宝，孝慈高皇后尊谥玉册玉宝，太宗文皇帝尊谥玉册玉宝，孝端文皇后尊谥玉册玉宝，孝庄文皇后尊谥玉册玉宝，世祖章皇帝尊谥玉册玉宝，孝惠章皇后尊谥玉册玉宝，孝康章皇后尊谥玉册玉宝，圣祖仁皇帝尊谥玉册玉宝，孝诚仁皇后尊谥玉册玉宝，孝昭仁皇后尊谥玉册玉宝，孝懿仁皇后尊谥玉册玉宝，孝恭仁皇后尊谥玉册玉宝，世宗宪皇帝尊谥玉册玉宝，孝敬宪皇后尊谥玉册玉宝，孝圣宪皇后尊谥玉册玉宝。嘉庆元年以后，历届送到尊藏高宗纯皇帝尊谥玉册玉宝，孝贤纯皇后尊谥玉册玉宝，孝仪纯皇后尊谥玉册玉宝，仁宗睿皇帝尊谥玉册玉宝，孝淑睿皇后尊谥玉册玉宝，孝和睿皇后尊谥玉册玉宝，宣宗成皇帝尊谥玉册玉宝，孝穆成皇后尊谥玉册玉宝，孝慎成皇后尊谥玉册玉宝，孝全成皇后尊谥玉册玉宝，孝静成皇后尊谥玉册玉宝，文宗显皇帝尊谥玉册玉宝，孝德显皇后尊谥玉册玉宝。

尊藏玉牒、宝录、圣训、珍藏书籍

敬典阁三间，上层设金龙柜二十二顶，尊藏玉牒。崇谟阁三间，上层设金龙柜二十二顶，尊藏实录、圣训、老档册、旧档案、实录图。文溯阁六间，三层，珍藏书籍，经部共一千五百六十八函，内有古今图书集成，史部共一千五百八十四函，子、集部共三千六百函。每年由盛京工部领取潮脑六十六斤、野鸡尾掸八把、短把鸡毛掸八把，隔一年糊饰窗扇一次，由该部派员携带纸张办理。

将军衙门档库恭储

顺治十年奉到圣旨一道取围场贡品；雍正元年奉到上谕满汉十一册训谕总督

以下官员；乾隆八年奉到御书匾额"屏翰邬丰"四字恭悬公署大堂；乾隆四十四年奉到皇舆全图一百零三篇、回疆一带得胜图三十四篇；乾隆四十八年奉到上谕一道谕清宁宫幔子等项不准擅动，令阿哥知悉；乾隆五十一年奉到金州战图十六篇、盛京全图二轴、柳河沟碑文一分；乾隆五十五年奉到上谕一道教诫内外大小臣工，又奉到台湾战图十二篇、安南国战图六篇、墨刻三分上元灯词册识语墨刻一卷，福康安大剿逆苗墨刻一卷，和林剿捕秀山苗墨刻一卷；嘉庆五、六年奉到台湾战图十二篇、廓尔哈战图八篇八折、安南国战图六篇六折、御制河决叹墨刻一卷；嘉庆七年奉到御制邪教说一卷；嘉庆十年奉到云贵战图一分四篇、湖南战图一分十六篇；嘉庆十三年奉到御制清字木兰记墨刻一分、御制明慎用刑说一分；嘉庆十四年奉到上谕一册告诫督抚以下官员、御制宗室训墨刻一卷、御制八旗箴墨刻一卷、普陀宗乘之庙瞻礼纪事墨刻一分；嘉庆十六年奉到训谕八旗简明语墨刻二卷、钦定辛酉工赈纪事二卷；嘉庆十九年奉到高宗纯皇帝八旬万寿盛典四部；嘉庆二十年奉到御制将军箴；道光九年奉到御制北镇庙横披一幅、碑文二张、杏山碑文一张；道光十年奉到御制巡幸盛京诗一部、书籍则例自嘉庆十九年至同治七年奉到、缮译大学衍义、缮译孝经、中枢政考、满大清会典、满会典则例、汉大清会典、汉会典则例、满八旗则例、汉八旗则例、宗人府则例、满吏部则例、满兵部则例、汉户部则例、清文鉴、四体清文鉴、旧清语。

盛京典制备考卷二

盛京典制备考卷二目录

祀祠

承德县

祠三

庙寺

盛京肇造丕基，川岳炳灵，神祇效顺，扶景运而昭降百祥，觊繁厘而永绵万祀，禋祀之典礼宜特隆。凡载诸祀典者，志乘已详，兹不具录其名区古刹，有钦奉圣旨勅建重修，或颁御书匾额诗篇，宸翰天章，昭回辉曜，景仰盛仪，允宜恭载。凡庙十有二，寺二十有八。其中如北镇一庙乃有虞氏封医巫闾山以镇幽州，历代因之岁时祭享等，于五岳实为钜典云。谨案《周官·小宗伯》"兆四望于四郊"，郑元注："四望为四镇、四渎，四渎者，江河淮济也；四镇者，东曰沂山，西曰吴山，南曰会稽山，北曰医巫闾山。"

兴京

显佑宫国初建在城东北二里。崇德十七年，置道士。顺治十五年，赐名显佑宫，立碑。康熙二十一年，□供器。乾隆十二年，御书"碧落保珍"匾额，又"太微元范"匾额。又乾隆八年、十九年、四十三年、四十八年俱有御制谒显佑宫诗恭载通志。

地藏寺国初，建在显佑宫东。天聪六年，勅八旗拨僧居之。康熙二十一年，圣驾巡幸，有碑记。乾隆十二年，有御书"妙证三摩"匾额悬大佛殿，又"人天法炬"匾额悬地藏殿。

承德县

景佑宫旧建城内大清门东，后移建德胜门外。崇德六年，勅选道士住持。顺治九年，重修。康熙十年，驾幸庙中，赐银。二十一年，驾再幸，御书"昭格"二字匾额，恭悬正殿，赐名景佑宫。乾隆四十三年，御书"玉虚真宰"匾额，恭悬正殿。乾隆八年、四十三年、四十八年，均有御制诗恭载《通志·天章门》。

实胜寺在外攮门关外二里，俗呼黄寺。我朝破明兵于松山，勅建此寺，供奉迈达里佛，并恭藏太祖、太宗甲胄弓矢。乾隆八年，御书"海月常辉"匾额，恭悬殿内。又御制实胜诗、恭瞻太祖高皇帝所御甲胄诗、恭瞻太宗文皇帝所御弧矢诗。十九年，御制实胜寺诗。四十三年，御制恭瞻太祖高皇帝甲胄作歌、恭瞻太宗文皇帝所御弓矢诗、实胜寺诗。又寺内有玛哈噶喇楼。天聪九年，元裔察哈尔林丹汗之母以白驼载玛哈噶喇佛金像并金字喇嘛经传国玺至此，驼卧不起，遂建此楼。雍正四年，奉旨重修。

长宁寺在外攘门外西北五里，旧称御花园。顺治十三年，勅赐为寺。乾隆十九年，御书"一心为宗"匾额，恭悬正殿。又乾隆八年，御制长宁寺诗，恭瞻太宗文皇帝所贻冠服诗。四十三年、四十八年，御制长宁寺诗，又长宁寺恭瞻太宗文皇帝御冠服诗，恭载《通志·天章门》。

万寿寺在外攘门外路北，即慈慧寺，俗呼谈家庵。康熙五十年，勅建，有圣祖御书"辽海慈云"匾额，恭悬藏经楼。

东塔永光寺在抚近门外五里。乾隆八年，御书"慈育群灵"匾额，恭悬正殿。

西塔延寿寺在怀远门外五里。乾隆八年，御书"金粟祥光"匾额，恭悬正殿。

南塔广慈寺在德盛门外五里。乾隆八年，御书"心空彼岸"匾额，恭悬正殿。

北塔法轮寺在地载门外三里。乾隆八年，御书"金镜周圆"匾额，恭悬正殿。四十三年，御制题法轮寺诗。四十八年，御制法轮寺诗，恭载《通志·天章门》。

太平寺在地载门外。乾隆十九年，有御书"福田无量"匾额，恭悬殿内。又后阁有御书"甘露香林"匾额，恭悬阁中。恭悬阁中。

舍利寺在城西十二里塔弯，一名回龙寺。崇德六年，勅工部重修。寺前有舍利塔。

护都丰农龙王庙在抚近门内路北，雍正元年勅建。

关帝庙在地载门外西北五里，崇德八年勅建，赐额曰"义高千古"，岁时官给香烛。顺治九年，勅封"忠义神武关圣大帝"。雍正三年，加封三代公爵，春秋官致祭。乾隆十九年，御书"灵护神京"匾额，恭悬殿内。

浑河神庙在城东十里木厂浑河北岸。乾隆四十三年，奉勅建，御书"灵脉精禋"匾额，恭悬庙内。原奉谕旨恭载《通志·纶音门》。

辽河神庙在城西一百二十里巨流西山，乾隆四十三年敕建。御书"惠泽钟祥"匾额，恭悬庙内。原奉谕旨恭载《通志·纶音门》。

柳河神庙光绪二年，前署将军刑部尚书崇实具奏，奏为河神功德及民，据详请旨敕加封号，以答灵贶而顺舆情，恭折仰祈圣鉴事。窃据署新民厅同知刘棨勋详据绅耆李如柏、佟永安等一百九十余人联名呈称，厅属之柳河素号巨浸，发源于蒙古敖汉旗，由彰武台门西入厅界，离厅二十余里，势渐汹涌，及至下游，更形弥漫，虽涨落无定，迁徙靡常，而乡村从无淹没之虞，行旅亦无阻滞之患，实有神灵默为呵护。前数年，叠遇大股马贼出没，厅境水势陡涨，贼之西来，阻其东窜，东至者，厄其西奔，贼散之后，水仍消退如常。每逢亢旱，官民祈求雨泽，亦无不立沛甘霖，实属有神民生，允宜仰邀封典等情，转详请奏前来。奴才等查地方川岳之神，实有功德及民者，例得庙祀。今柳河密迩陪都，久著灵迹，况又御患捍灾，群情感戴，既据该绅耆等联名籲请核，与崇功报德之义相符，合无仰肯天恩，饬部核议，酌加封号，编入祀典，以答灵贶而顺舆情。谨合词恭折具奏，伏祈皇太后、皇上圣鉴，谨奏。奉旨礼部议奏，钦此。

部议：查定例，直省庙祀正神，实能御灾捍患，有功德于民者，由各省督抚奏请敕封，封号交内阁撰拟等语。今新民厅所属之柳河河神，既据该将军等声称保护地方，沛施雨泽，久著灵迹，群情感戴，覈与御灾捍患之例相符，拟请如该将军等所请，敕赐封号，编入祀典，以答灵贶而顺舆情。如蒙俞允，臣部移文内阁撰拟封号字样，进呈。

钦□后，臣部行文该将军等遵照办理，谨奏，请旨。于光绪二年五月三十日具奏。

本日奉旨依议，钦此。

光绪二年九月准礼部移咨，称祠祭司案呈本部具奏议覆。盛京将军崇实等奏请敕加河神封号一折，于光绪二年五月三十日奏，本日奉旨依议，钦此。当经移会内阁典籍厅，撰拟封号字样。去后，今准内阁交出盛京河神封号，奉朱笔圈出"显佑"，钦此。钦遵到部，相应移咨该将军，钦遵可也，须至咨者。

辽阳州

广佑寺在州西门外三里，有白塔，俗呼白塔寺。前明建，本朝天聪九年奉旨重修。康熙二十一年四月，驾幸寺中，赐袈裟。

栖云寺在城东三十里，明时建，本朝崇德六年勅修，雍正四年重修。

莲花寺在城南三里，天聪四年勅建，顺治十五年修。乾隆二十一年、四十三年又重修，立有碑记。

龙泉寺在城南六十五里千山上，明时建。我朝崇德五年，拨僧人九名，给衣粮。康熙二十二年重修，有碑记。

大安寺在龙泉寺南八里。崇德元年，拨僧人十名，给衣粮。

慈航寺在城东北十里太子河北，明时建。天聪十年，太宗文皇帝亲征高丽，驻跸于此。

铁岭县

火神庙在城东三十里宿老屯，本朝崇德八年勅赐银两。

圆通寺在城内，明天顺年建，有碑记。本朝崇德八年勅赐银两。寺有塔，高十三级。

慈清寺在城东龙首山，山前有古塔。本朝崇德八年勅赐银两重修。

保安寺在城东南花豹村屯，本朝崇德八年勅赐寺僧银两。

龙泉寺在城东宿老屯，本朝崇德八年勅赐银两。

大安寺在城东四十里崔公堡，一在城南三十里殷家屯，俱于本朝崇德八年勅赐银两。

延寿寺在城西王千总堡。本朝崇德八年勅赐银两。

地藏寺在城南范河城北。本朝崇德八年勅赐银两。

涌泉寺在城南六十里魏台村。本朝崇德八年勅赐银两。

上帝庙在城东南五十里抚安堡。本朝崇德八年勅赐银两。

朝阳寺在城东南五十里。本朝崇德八年勅赐银两。

兴隆寺在城东南六十里坌堡。本朝崇德八年勅赐银两。

懿路城隍庙在城西南六十里，懿路城古庙也。本朝崇德八年勅赐银两。

永兴寺在城西南懿路城北。本朝崇德八年勅赐银两。

子孙圣母庙在城西南懿路城。本朝崇德八年勅赐银两。

慈寿寺在城西北九十里赵家堡。本朝崇德八年勅赐银两。

海城县

娘娘庙在城外耀州南十里瞭高山，太宗文皇帝时修。康熙二年，勅工部重修，有碑记。

宁远州

姜女庙在城西南一百八十里，中前所城西二十五里，秦时贞妇许氏孟姜祀也。内有宋文天祥联句云："秦皇安在哉？万里长城筑怨；姜女未亡也，千秋片石铭贞"。其东有御轩三楹，并有垂花门、船舫仪门、耳房、回廊、平台、朝房、执事房。乾隆八年，颁御书"芳流辽水"匾额，恭悬祠内。又八年、四十三年、四十八年，有御制姜女祠诗。又十九年有御制题望夫石诗，序云："姜女祠前有石，名曰望夫，或云即姜女墓。事虽不经，而有关风化，故咏之。"俱恭载《通志·天章门》。

广宁县

北镇庙在城西，舜封医巫闾山以镇幽州，历代因之。唐开元中，封广宁公。辽金时，加王号。元大德二年，封贞德广宁王。明洪武初，诏改封号，止称北镇医巫闾山之神，建庙设王，岁时祭享。朝廷有大典，恒遣官祭告。本朝悉仍旧制。康熙四十一年，颁御书"郁葱佳气"匾额，恭悬庙内。雍正元年，奉旨重修，至七年告竣。乾隆十九年，御书"乾始神区"匾额，恭悬殿内。又十九年，御制祭北镇医巫闾山诗，御笔绘北镇庙古松图，并诗以纪。四十三年，御制祭北镇医巫闾山诗。四十八年，御制祭北镇庙礼成述事诗。俱恭载《通志·天章门》。

祀祠

粤稽古昔盛时，隆崇德报功之典，凡宣劳定国者，祀之；兴廉察暴御患捍灾，有德惠于民者，祀之；亮节效忠足以风世者，亦祀之。此非徒备庙食之仪，文具褒扬之典制巳也。将以为千百世之矜式，使亿兆人观感怀思，俾知为臣子者，固有夙夜靖共、殚心毕力、就义成仁。如是者，其精神亦遂与星辰河岳同其彪炳没齿，而名益彰声施无已时也。盛京为留都，根本重地，四方观法于兹，旧建忠义名宦乡贤诸祠备矣。其专祠之最著者三，其一曰贤王祠，祀国初佐命诸王之祠也；其一曰陈忠节公祠，祀乡贤陈公，讳克让，任江安督粮道，殉咸丰元年金陵难者也；其一曰三贤祠。三贤者，前署将军刑部尚书崇文勤公，讳实；原任将军都公，讳兴阿；前大学士文文忠公，讳祥。三公勋业不同，而其体国经邦之略，求诚保赤之心，则无不同也，故邦人谋合祀之。光绪二年，绅庶乃公恳前署将军岐司农，今奉天府尹恩京兆，前学政杨京卿公疏奏请建祠，得旨俞允，于是满汉官绅，鸠集其事焉。谨各次其事状于后。

贤王祠在外攘门外街北。雍正十二年建怡贤亲王祠。乾隆十九年奉旨，以通达郡王、武功郡王、慧哲郡王、宣献郡王、礼烈亲王、饶余亲王、郑献亲王、颖毅亲王，与怡贤亲王一并祠祀立碑，谨镌恩旨于上。四十三年，又奉旨睿忠亲王、豫宣亲王、克勤郡王俱祀祠中。

陈忠节公祠公讳克让，先世闽之，晋江县人，迁奉天，隶承德县籍。公幼慧，年十四通经，以文名，弱冠入邑庠，食饩，举优行贡成均。道光壬午，捷京兆，癸未成进士，改吏部主事，升员外郎，口乙未乡试及丙申会试，同考官京察一等。升郎中，派口户部，坐粮厅理漕，以口介称，擢四川绥定府知府。时绥定方遭教匪蹂躏，甚凋敝，多离散。公莅任，劳徕安辑，多方教养，士民翕然从风，于是儆官邪，锄顽梗，诛剧盗，以靖闾口，除妖妄，以破愚惑，境内肃然大治。咸丰元年，大府以川省吏治第一，保荐引见，蒙恩召见。回任后，调成都府，旋擢江安十府粮储道督运，抵通事。浚回金陵，时粤逆犯楚皖，长江上下贼氛日炽，旋陷安庆府，直薄金陵城。官绅商□谋守御，公散财募勇助之。时有幕客某以公非守土官可去之说讽公。公怒叱之。城陷，公督勇巷战，杀贼数十人，公亦肩肋受数创，乃大呼骂贼，遇害时咸丰三年二月也。阖署殉难者，公元配李氏、弟克诚、子松恩。事闻，奉旨着交部从优议恤。四年，又奉旨着赏给太常卿衔。六年，奉天绅士、前工部主事张鹏飞等议请于本籍建立专祠，以昭忠烈而垂久远，联名呈请都察院代奏。奉上谕都察院奏前，据工部主事张鹏飞等以原任江苏江安督粮道陈克让于咸丰三年二月间在金陵殉难最惨，并其妻子胞弟同时尽节，情愿在该故员原籍奉天地方公建专祠，遣抱呈周玉鼎赴该衙门投递陈克让前在金陵与其弟陈克诚、子陈松恩同时殉难，业经两汇总督怡良等查明，奏请降旨交部从优议恤。兹该主事等呈称，陈克让之妻李氏亦在署自尽，并因该故员全家殉难，大节懔然，愿在奉天本省公建专祠之处，着礼部察议具奏，钦此。礼部核符具题，奉旨依议，钦此等因。绅士遵即公同集资卜地，庀材建祠祀焉。同治十年，在京绅士联衔奏请予□奉旨赐谥忠节，宣付史馆入列传，并赐祭一坛。

三贤祠在西关外，光绪二年，署将军兼总督岐元府尹行巡抚事，恩福府丞兼学政杨书香奏为已故诸臣，功德在民，籲恳天恩，俯顺舆情，准予建立公祠，列入祀典，恭折仰祈圣鉴事。窃臣等接据奉省绅士、翰林院编修董执、户部主事庆恩等三十余人联名呈称，奉天为国家发祥重地，二百余年，涵濡圣泽，蹈德咏仁，迭蒙朝廷慎简贤员来莅兹土，治政得以蒸蒸日上。如已故署将军刑部尚书崇实、原任将军都兴阿、大学士文祥，其功德在民，尤为阖省士庶所不能忘，绅等同深感戴，愿共艺一瓣之心香，合而请三贤之庙祀。查已故署理将军刑部尚书崇实上年下车伊始，即统筹奉省全局，以内地西南两路举行保甲，严禁游手，申明犯赌窝赃各例法，立令行盗风即可渐息。北路昌图厅属，毗连蒙古，贼则出没无常，官实鞭长莫及，非添州县不足以资教养，非筹经费不能遽添州县，议立斗秤各税以为设官增兵之费，如是则北路亦可渐就安谧。惟东路边外，游民私垦多年，匪徒乘机苛敛，内地马贼，此拿彼窜，往往视为遁逃渊薮。若不先清边境，讵能永绝盗源？遂即调集各兵，立将东沟贼巢歼除净尽。其中良莠不齐，复推广皇仁，宽其既往，筹办升科纳税各事。因而远近咸知观感，旋将庙儿沟、通沟贼垒一律荡平，统办善后，除积年之巨患，作久远之良图，道路得以畅行，商民始无阻碍，其绥靖地方有如此者。奉省吏治之废弛，由于政令之纷歧，将军向不兼辖民事，以致旗民各分门户。事既牵掣难行，弊即由此而起，欲求整顿，势须变通，崇尚书议，立总制以一事权，并分责成，以杜推诿。刑名词讼，归诸州县，捕务旗租责在尉协接属，则开诚布公，共求治理。驭众则推心置腹，力挽时艰，其大法小廉，人知所畏者，尤在于痛绝苞苴，以身率属，所有漏卮无不全行禁绝，即下至向有之门包，亦并一清如水，故能破除情面，百废俱兴，其整纲饬纪有如此者。苞如清理讼狱，无不随到随判。溯自莅奉以来，即立行辕发审局，提结积案数百起，立决匪犯数百名，良民无牵累之苦，宵少有警戒之心，并本曾大学士之法，严定州县结案，□程以期阖省均无滞狱，□□恤民隐有如此者。至于八旗草豆，各厅州县所纳米石多寡，向属不齐，吏得为奸，民受其累，崇尚书奏定章程，使无畸重畸轻之弊，民间无不称便。军兴以来，商户各有日捐，岁□相沿，资本之盈缩已殊。按户之输，将如旧，甚有一卫一镇荒闲大半，而现存之户转为代摊，崇尚书奏请停止，民力因得稍纾，其体察民情有如此者。凡此深谋远虑之思，无非经国卫民之计，绅等尤不能忘者，当其筹画东边兵事及更定吏治新章，竭虑殚精，时或达旦不寐。至于寻常案件，无论钜细，亦莫不事事躬亲，即至卧病垂危，□复手判公牍，其积劳而殁，实为我民匪特。目击情伤，即道路传闻，亦无不同声太息，金称崇尚书之创立规模，使东土得享承平之福，实足昭垂不朽而追念。原任大学士文祥、原任将军都兴阿往日勋劳，实亦不无德洽恩孚之感。溯查同治四年，东北一带马贼肆行，劫狱戕官之案层见迭出，继则贼匪逼近省垣，大有疾风骤雨之势，兼以内地伏莽汹汹，几于无处无贼。仰蒙朝廷简命原任大学士文祥统领劲旅出关，行至途次，闻省垣有劫狱之案，遂不分昼夜兼程前进，人情因之大定。厥后简军出讨，破贼于昌图之朝阳坡，一战而覆其众，随剿逸匪于牛庄、海城、岫岩、新民、广宁、义州等处。招复襄胁良懦，悉数资遣回籍，全活甚众。兵行所至，尤能秋毫无犯，所有被扰处所，请旨分别蠲免正赋，以纾民力。设忠义局于省垣，凡死事将弁及城乡殉难人等，延请表扬，建祠附祀。迨至全省肃清之后，遂即凯撤回京。时当大乱初平，遗寇未尽，根株伏莽不时蠢动，幸原任将军都兴阿来奉，体察情形，详加区画，谕令各城乡长侦有贼匪，即行捆献，佐以分□官兵，伺便雕剿。又以奉天武备不修，创立捷胜营，马步洋枪刀□炮队，一技一器，悉皆躬亲，讨论手订章程，约束严明，井然不紊。每鸡鸣而起，亲至□场，与营□等述及大江南北攻剿发捻情形，戒以艰苦耐劳为主。凡今之马步陈法、营规皆其遗教。绅等尤记其陛见西行之日，士民涕泣，扳辕不忍其去，道旁竟有哭至失声者。迨后再莅东都，务崇节俭，旋即因病出缺。其含殓之日，环堵萧然。嗣蒙恩赏千金，始得扶枢回里，军民无不感叹。即原任大学士文祥本年重枢回籍，沿途老幼亦皆供奠香花，呼号扳恋。盖均功德在民，遗爱之人人者深也。绅等谨按文大学士人赞纶扉。崇尚书、都将军未经莅奉以前，功在他省，毋庸殚述。第念奉省休养生息，得有今日，实赖三贤之力。我朝翊赞中兴如胡骆、曾袁诸臣，均经仰蒙谕旨准立专祠。今三贤功德足媲前贤，而庙貌缺如，未伸祀享，何以留遗爱而遂瞻。依绅等咸愿于省城总建一祠，以祀三贤，由地方官春秋致祭，藉申答报。所有工费即由绅商士庶自行捐办，额曰"三贤祠"，以褒忠荩等情，恳请具奏前来。臣等查已故署盛京将军、刑部尚书崇实上年奉旨来奉查办事件，旋拜署理将军之命，莅任以来，如筹办边务，变通吏治，诸大端皆能统筹全局，以为一劳永逸之计。而痛除积习，令出惟行，力疾从公，案无留牍，尤能廉介坚忍，使梗顽知法，良善怀恩。一年之间，内外各城，马贼不敢横行，赌匪亦均敛迹，闾阎安谧，商旅无惊。此次积劳病故，阖省绅民同声太息，以为宜立庙祀，以遂崇报之思，并追念原任将军都兴阿训练精兵，捍灾御患。原任大学士文祥于同治四年贼氛猖獗之时，统领劲旅，趱程雕剿，转危为安，均系遗爱在民，不忍令其湮没，该绅士等情愿捐资建祠，联名呈请具奏，臣等未敢壅于上闻，合无仰恳天恩，准由奉省绅民自行捐资建立该故臣崇实、都兴阿、文祥公祠，列入祀典，春秋遣官致祭，以顺舆情而彰忠荩，谨合词据实奏陈，伏乞皇太后、皇上圣鉴，谨奏。军机大臣奉旨着照所请该部知道。钦此。

盛京典制备考卷三

盛京典制备考卷三目录

将军管理 宗室觉罗教养事宜

将军总管内务府事宜

将军管理宗室觉罗教养事宜

盛京八旗旧居

宗室八百九十余名内，食俸饷者四百五十余名。

觉罗一千二百三十余名内，食俸饷者七百余名。

一

宗室年至十五岁，食俸银二两，娶媳聘女准给赏银一百两。年至十八岁，请戴四品顶带。年至二十岁，食俸银三两，白事准给赏银一百二十两。

宗室孀妇无子者，食饷银二两，每年领米二十一石二斗。

宗室孤子，不待年岁，食饷银三两。

宗室孤女食饷银一两五钱。

一乾隆元年，由京移来奉恩将军六员，连眷口作为移驻，专为承祭三陵，按季由盛京礼部先期咨报太常寺，奏派正祀、配祀，一年清明、中元、长至、岁暮及忌辰等日分轮祭祀。每员各支俸银一百一十两，俸米五十四斛五斗弟袭兄职者，永远食半俸，系道光二年例。

先后奉拨随缺办公地十八顷自行取租。

一额设宗室总族长二员，宗室佐领二员，分为左右翼，各管四旗，由奉恩将军内拣放，仍食原俸。如奉恩将军内不得人，准由宗学正副管内奏请选放，仍食正、副管原俸。八旗宗室，每二旗设族长一员、学长一员，按左右翼，每翼上二旗族长由宗学正管兼理，每翼下二旗族长并两翼学长四员，均由闲散宗室挑放，仍食原饷，一年无过，准奖赏族长银各二十两，学长银各十五两。

一八旗觉罗年至二十岁，食饷银二两，娶媳聘女红事给赏银二十两，白事给赏银三十两。

觉罗孀妇无子者，食饷银二两，岁支米一石六斗。

觉罗孤子不待年岁，亦食饷银二两。

觉罗孤女食饷银一两。

额设觉罗族长二员，由现任觉罗笔帖式内选放，遇事呈报。宗室佐领总族长管理转详。

一

一宗室学设在天佑门外，宗室学生二十名。在学读书，每名月支膏火银三两、粟米三斗，每届五年。奏请钦派大臣考试清汉文，取中者，以该学正副管升用。

额设汉教习二员，月给公费银各二两、粟米一石。每年夏秋关给纱料、棉衣服各一套，每二年关领皮衣一次。此项教习由奉天民籍进士举贡内考取。教习三年期满，如成就人才，出具考语，咨送宗人府，带领引见，有以知县用者，有以教职用者，出自钦定。

设弓箭教习一名，由前锋领催委官内选克，月给公费银一两。

宗室学额设正管二员，岁支俸银四十五两；副管二员，岁支俸银四十两。该正、副管月支公费银米与学生同。

一觉罗学附近宗学，额设学生四十名。在学读书，每月各支膏火银二两、粟米三斗。遇考之年，归并宗室考试，取中者以笔帖式用。副管四员，由觉罗库使笔帖式或闲散觉罗年长品端者选放，月支公费银米与学生同。

额设汉教习二员、弓箭教习二名，公费银米、衣服与宗室学教习同。

宗室、觉罗学定例应将军、礼部、学政查管外，由五部侍郎内奏请钦派管学大臣一员。

嘉庆十九年，建设宗室营房于东关边墙外，除衙署、公所、庙宇外，净住房七十所每所八间，外围砖墙，四角望楼，正南设一门。

原移居

宗室内，除回京者，现剩四十七户食饷者八十余名，将军督管，仍由五部侍郎内奏请钦派二员协同管理。移居宗室食饷、年岁红白事赏项，与旧居宗室同。惟食三两饷者，岁支粟米二十二仓石，地租银二十一两六钱，其由发遣作为移居者仓饷全分，粟米、地租三分之一。发遣管束者宗室、觉罗各给半分饷银。

额设主事二员，岁支双俸银，各一百二十两，单俸米各五十九斛外，每员月支盐菜银四两二钱，人役工食银各三两。

额设正、副族长各一员，岁支俸银各四十两，一年无过，各准奖赏银二十两。

额设正、副学长各一员，食原饷，每年各奖赏银十五两，读书学生二十名。

汉教习一员、弓箭教习一名，应领银、米、衣服与旧居宗学同。

以上三处学房，每年冬应领木炭一万四千余斤，折银四十三两二钱，各学均有满教习，由各衙门笔帖式内选放，并无领项，自食原俸，惟俟三年期满，请给议叙候升。

一道光元年设立高墙空室于城里，宗室总族长衙门内遇有宗室、觉罗获罪者，收禁，派官兵看守。三月初一日起至八月底止，每名每日支饭食银二钱；九月初一日起至次年二月底止，每名每日支饭食银三钱。看差弹压官春夏二季，日支饭食银一钱；秋冬二季，日支饭食银一钱五分。值班兵日支饭食银一钱。此项费用原奏借款生息银二万两，发交各城当商，按月生息一分。除花费外，余利归还原本，早已还清剩银，随时咨送盛京户部，另款储库。

宗室、觉罗一切事务，户司承办；宗室、觉罗官学事务，礼司承办；奉恩将军承祭事务，礼司承办。

将军总管内务府事宜

盛京将军总管内务府大臣，协同管理内务府大臣一员，由盛京五部侍郎内随时奏派。

职官兵丁人役

内务府，厢黄、正黄、正白三旗额设佐领三员京包衣缺、骁骑校三员本省包衣缺、顶戴领催三名、二两领催十五名、甲兵六百七十八名、内管领一员、司库二员、食九品俸催长五员、食二两饷催长五名、库使十六名、掌仓达一名、仓达三名、顶戴馆达六名、无顶馆达二名、牧长三名、执事人六十名、捕牲兵三十名，以上俱食二两饷；牧丁十八名食二两饷、采蜜领催三名食二两饷、食五钱各匠役一百五十八名。

管档案，堂主事一员、委主事一员、笔帖式十五员、帖写兵十五员、听事人十二名。

广储司

按年额收各处房租及三旗丁银数目：

一收管官房共一百二十二间，俱坐落在沈城内，招商生理居住，每年收房租银五百七十余两。

一旧有本领银二百两，原交厢黄、正黄二旗属下丁，作为商人各项本银一百两，每年各交利银三十两，共收利银六十两。如商人缺出，由该旗拣选殷实人家顶补。

一厢黄旗每年催办星呢壮丁银二千三百五十一两零，新丁银四两八钱八分零。应交棉花折银二百八十三两六钱二分每百斤折银五两八钱，应交靛折银七十三两九钱八分每百斤折银九两五钱，应交盐折银十四两三钱八分每百斤折银三钱三分。三旗一律。

一正黄旗每年催办伍户壮丁银四百九十五两三钱，新丁银十三两五钱。应交棉花折银二百五十五两一钱五分零，应交靛折银四十一两九钱一分零，应交盐折银十三两七钱八分零。

一正白旗每年催办京玺五尔，占壮丁银六百三十七两。应交棉花折银二百六十七两三钱七分零，应交靛折银八十五两零，应交盐折银九两六钱。

一会计司庄头羊草官甸出产羊草，每年折银一百余两。

一厢黄旗每年催收伍田租银一百四十七两。

一正黄旗每年催收伍田租银八百五十三两四钱。

一正白旗每年催收伍田租银七百一十四两二钱。

以上共约收银七千一百七十余两。

三旗仍应交本色绵花一万二千斤，本色靛一千九百五十斤，本色盐二万一千斤，借项银八百八十三两五钱。乾隆七年，奏准由库储正项银动用三千两，另箱存储以备三旗骁骑校库使。催长、领催、执事人、兵丁，遇有红白事件，准借给五个月钱粮；遇京差打围，准借给三个月钱粮，按季由应领钱粮坐扣，不加利息。每年各项京差领坐粮车脚，采买布匹皮张，染造布匹颜料，汲溅果品，沙糖，食辛者库人折给口粮银并万寿、元旦、上元备茶等项，共约放银九千余两。每年采买叫鹿皮一百张，发价银三百两，交将军衙门打秋围佐领采买一年。由将军衙门咨领恩赏银二千余两，备放官兵红白事件赏项之需。

一每年采买汤皂皮十五张，发价银三十两，送交武备院，年例应领潮脑九十七斤十四两。

营造司应办事宜

一每年应领潮脑一百四斤十二两八钱。

一每年应成造鱼、鸭箱匣二十五个，需用椴木由盛京工部领取。如河口无抽存木植，改给银六两九钱三分。

一每年应领野鸡毛掸十四把、鸡毛掸十六把。

一宫殿内廷应糊窗户，由盛京工部派员二年糊餙一次。

掌仪司应办事宜

一每年应交围丁折色钱粮银一千零二十余两，派员送京。

一每年应交香水梨二千个白露节派员送京。

一每年应交接梨二千八百个秋分节派执事人送京。

一每年应交野鸡一千只年底派执事人送京。

一每年应交冻梨二千六百二十五个。

一每年应交榛子八十八仓石余。

一每年应交山梨皮二仓石四斗。

一每年应交榠樗块十六仓石二斗。

一三旗园头十六名，无饷虚职，催长一员，园丁二千九百二十三名，每名应交钱粮银三钱六分二厘，每年共应交银一千零五十八两五钱三分九厘。除出送京果子抵销银三百六十两零七分七厘外，余剩银六百九十八两四钱六分一厘，按年专差送京交内务府。

会计司应办事宜

头等庄头二十八名，每名应交仓粮三百八十二仓石。

二等庄头四名，每名应交仓粮三百五十二仓石。

三等庄头五名，每名应交仓粮三百零七仓石。

四等庄头三十一名，每名应交仓粮一百九十二仓石。

统计庄头六十八名，共领官地五十一万零九百九十八亩，各名原领官地有二三万亩至四五千亩不等，竟有地多粮少、地少粮多者，先年定数至今照办。每年共交粮一千二百三十三仓石。

一每年应交黑牛馆黑豆二千三百零四石由谷粮内扣抵。

一每年应交草甸余租银四千余两交盛京户部银库。

一每年应交乳牛馆粟米八九十石不等由谷粮内扣抵。

一每年应交地亩银一千余两交盛京户部银库。

一每年应交谷草银三百余两交盛京户部银库。

一每年应交羊草银一百余两交广储司。

一每年应交贡鸭八十只，头次二十只，二次三十只，三次三十只。

将军年例应进贡鸭二十只、过夏糖六匣。

将军年例应进贡汤鹿十只、汤獐十只、鹿尾二十盘、野鸡八十只、鸭子六十只、白鱼十二尾、鳌花鱼十二尾、鳊花鱼八尾、鲤鱼八尾、过夏糖二十匣、奶子二仓石、葡萄二仓石、黏粉子二仓石、散粉子二仓石、卤虾四瓶。

三佐领每年轮替一员送京。

本内务府年例应进贡鸭六十只、卤虾二篓、过夏糖二十匣、黏粉子米二十仓石交内管领处、散粉子米十五仓石交内管领处、糖芽黄米八仓石六斗四升交内管领处、点灯油一千零九十四斤。

都虞司应办事宜

一厢、正黄二旗共养蜂丁十八名，每名应交鲜蜜二瓶半，每瓶重二十斤，共计四十五瓶交仓，汲溅果品。

一三旗采蜜丁三百四十一名，每名应交蜂蜜二瓶半，每瓶重二十斤，共蜜八百五十二瓶半内，交仓汲溅果品蜜一百七十八瓶半，下余蜜六百七十四瓶，每瓶折银五钱，共折银三百三十七两。

一三旗菜丁六名，每名交蕾蒿菜一筐。

一捕水獭丁十八名，每名应交水獭皮四张，共计七十二张内，实送京九张，下余六十三张，每张折银一两，共折银六十三两。

一正白旗鹳丁十名，每丁应交鹳翅十五副，共一百五十副内，送京鹳翅十二副、雕翎十八副，每副雕翎抵交鹳翅五副，共抵交九十三副，鹳筋二两，下余鹳翅四十八副，每副折银三钱，共折银十四两四钱。

一三旗细鳞鱼丁共三十名，每名应交细鳞鱼五十尾，共一千五百尾内，送京一百尾，下余一千四百尾，每尾折银四分。道光二年，奉谕旨将细鳞鱼一百尾亦改照例折价，共折银六十两。

一三旗捕杂鱼丁四十八名，每名应交鱼五百斤，共应交杂色鱼二万四千斤内。于道光二十三年奏奉谕旨又减去九千斤，每斤折银三分。二十五年，复奏准全数折银，每年送京银七百二十两。

一王多罗树围场三旗捕牲兵三十名，共应交鹿肉干二千七百束，于道光二年奉谕旨减去六百束，每三束照例折银一钱，嗣于道光九年复奉谕旨将应交鹿肉干全数照前折银，又将全鹿一百二十只亦停交，每鹿一只照例折银三两，共折银三百六十两。以上肉干、全鹿共折银一千一百九十四两四钱，按年派员送京交内管领处。

一木丁头目二名，木丁四十八名，每年出旺清边门砍办槽盆五十七件、椴木寸板十九块、桦木枪杆五十根、楸木橼子二百根、柳木橼子四百根、杨木箭杆五千根，按年送交武备院。

一每年应交蘑菇一百七十五斤、木耳一百一十二斤、蜜溅果品五十三斤、黏粉子一仓石二斗、散粉子一仓石二斗、糖芽一百五十斤、常青菜五十三斤，按年送交果房菜库。

一每年福、昭陵做祭品辛者库人，并本属食辛者库人口，男妇子女，大口月食谷三仓斗六升，小口减半，自九岁起，共应食口粮二万八千余仓石，均由大粮庄头交纳。

皇仓内关领，除庄头每年交粮一万四千余仓石外，其不敷粮一万三千余仓石，照例折价银四千一百余两。按年充当内庭打扫地面差使，现有食粮男妇子女六千七百余名口。

三旗应办事宜

一厢黄旗牛录处百总十二名，所管差丁五千一百七十五名，按年春季由织造库领绵花纺线交库造办布匹，由广储司发给棉花三千三百五十五斤十两，放给纺经线丁。该丁共五千一百七十五名，按丁领棉花九两八钱七分一厘，交经线八两九钱八分，共交经线二千九百零四斤六两。又放给纺缕线棉丁一百六十三名，按丁领棉花一斤，交线一斤，共交葛线一百六十三斤。外有冬季每丁应交蘑姑九钱七分四厘八毫三丝、木耳五钱六分零九毫二丝七忽、常青菜七钱六分一厘六毫八丝、葡萄一合二勺一抄一圭九粟、奶子五勺四抄七圭。三旗领催轮流送京。

一按年此一旗伍田地三千六百七十五亩，除按亩征银四分，每年共交租银一百四十七两交内库。

一雍正四年，星呢门下壮丁拨入厢黄旗交纳钱粮银，共差丁一千二百零六名，每丁每年交差银二两零九分九厘，每年共应交钱粮银二千五百三十一两交内库。

一正黄旗牛录处百总十二名，所管差丁二千一百七十名，每年春季由织造库领棉花纺线交库造办布匹，年例由广储司发给棉花三千一百五十三斤四两五钱内，放给线丁二千一百七十名，每名领棉花一斤四两一钱二分外，加弹纺伤损棉花一两五钱，共放给棉花二千九百九十三斤九两，每名应交线一斤四两一钱二分，共交线二千七百三十七斤。又放给棉花庄头纺葛线绵花一百四十六斤外，加弹纺伤损绵花十三斤十一两，共放给棉花一百五十九斤十一两，共交葛线一百四十六斤外，每年冬间每丁应交蘑姑二两四钱九分六厘一毫八丝、木耳一两四钱三分六厘三毫、常青菜一两九钱五分零五毫、奶子一合三勺八抄五撮二圭、葡萄三合一勺零三抄。三旗轮流派领催送京。

此一旗伍田地二万一千三百三十六亩四分，每亩征银四分，每年共交租银八百五十三两四钱五分六厘交内库。

应交浮多伍田租银七十一两八钱七分八厘交盛京户部银库。又交伍田地边滋生课银二两，共交银七十三两八钱七分八厘。

一雍正四年，阿其那、塞思黑□俄勒士信苏奴门下五户壮丁拨入正黄旗交纳钱粮，共差丁二百五十六名，每名应交银一两九钱三分五厘，每年应交钱粮银四百九十五两五钱交内库。

一正白旗牛录处百总十二名，所管差丁一千零八十六名，每年春季由织造库领绵花纺线交库造办布匹，由广储司发给绵花二千九百五十二斤零五钱，放给纺纴线丁一千零八十六名，每名领绵花二斤五两三钱三分三厘，外加弹纺损伤绵花一两五钱，共给棉二千七百七十一斤九两，每名交纴线二斤五两三钱三分三厘，共线二千五百三十四斤。又放给绵花庄头纺葛线绵花一百六十五斤，外加弹纺伤损棉花十五斤七两，共放给绵花一百八十斤七两，按年交葛线一百六十五斤外，冬季每名应交蘑菇四两四钱九分三厘五毫四丝四忽、木耳二两五钱八分五厘六毫三丝五忽、常青菜三两五钱一分一厘三毫六丝三忽、葡萄四仓合九勺七撮二抄四圭、奶子一合八勺七撮八抄五圭。三旗轮流派领催送京。

此一旗伍田地一万七千八百五十六亩七分，每名征银四分，每年共交租银七百一十四两二钱六分八厘交内库。

一雍正四年，京玺五尔占门下壮丁拨入正白旗交纳钱粮银，共丁四百二十八名，每名应交丁银一两四钱八分八厘，每年共交钱粮银六百三十七两交内库。

厢黄旗织造库

一年应织大布八百三十四。

一年应织小布一千二百四十五匹内除，黑津关领小布一千零一十二匹，送京漂白小布一百匹，送京染青蓝小布一百匹，送京染口青小布三十三匹，送京葛线一百六十三斤。

正黄旗织造库

一年应织大布七百八十二匹。

一年应织小布一千一百七十三匹内除，黑津关领小布九百四十四，送京漂白小布一百匹，送京青蓝小布一百匹，送京红小布三十三匹，送京葛线一百三十六斤。

正白旗织造库

一年应织大布七百二十四匹。

一年应织小布一千零八十六匹内除，黑津关领小布八百五十三匹，送京漂白小布一百匹，送京青蓝布一百匹，送京红布三十三匹，送京葛线一百六十五斤。

黑牛馆应办事宜

一年额养满口分牛六十头，每日各喂豆六仓升，谷草二束；半口分牛十头，每日各喂豆三仓升，谷草一束。额养羊三百五十只，每日各喂豆二仓升，谷草半束。领饮羊盐五钱。每年永陵黑牛馆拨喂黑牛五头至十头不等，每年拨喂羊三四十只至一百四只不等。每年盛京黑牛馆常存喂黑牛四十五头至六十头不等，常存喂羊一百四十五只至三百余只不等。

盛京典制备考卷四

盛京典制备考卷四目录

将军公署_{在省城内钟楼南街路东}

署内分司

印务处总查事件。折本房办缮题奏事件。司务厅接收内外公文。户、礼、兵、刑、工五司分左右，设关防二颗，派协领佩带印钥，掌办公务，分司钱粮、仪制、差操、刑名、工程各事务，派佐领防御、骁骑校等官随同办事。步营司派协领一员管理步兵，巡查街道，缉捕贼匪、娼赌，派佐领二员，各分管四门。督捕司派协领一员管理，额设番役二十名，缉捕盗贼及紧要匪犯，派佐领一员帮同管理。恩赏库管理官兵红白事分赏银两。收放牛具，接济银两、围场处管理行围捕牲、看管围场事件。牧群司管理大凌河马群、苏鲁克牛羊群。马政处经理收放马干钱项。捐输局管理车货等捐，咸丰六年设。官参局在天佑门外，设司印一颗，派协领佩带印钥，专管按年验进参枝，今停。

折本房应办事宜

一将军、副都统庆贺元旦，正、副表文，每于年前十二月会同府尹等拜发，并兴京、锦州、金州、吉林、黑龙江各等处将军、副都统表文一同派官由驿赍送礼部。

一庆贺元旦请安折用红里黄折，每于年前十二月初旬会同副都统、五部侍郎、府尹、府丞拜发，随贺表赍送。

一将军、副都统庆贺皇太后、皇后万寿圣节，正、副表文各于寿期前二十余日，会同拜发。兴京、锦州、金州、吉林、黑龙江等处将军、副都统表文一同派员由驿赍送礼部。

一庆贺皇帝万寿圣节请安折用红里黄折，每岁亦照寿期前二十余日会同副都统、五部侍郎、府尹、府丞拜发，随贺表文赍递。

一庆贺长至，正、副表文于冬至前半个月会同拜发，派官赍递。

一每年进鸭、进野鸡请安折，岁于小雪节前拜发，交送差官赍递。

一每年进鲜肉请安折，岁于进鸭、进野鸡时，会副都统衔一同拜发，交送差官赍递。

一每年进年贡请安折，岁于十二月初旬拜发，交送差官赍递。

一凡遇皇帝谒陵启銮、回銮，均随时酌量日期，会同副都统、五部侍郎、府尹、府丞先期呈递请安折。

一凡遇应奏事件请安折，均咨行奏事处转递。

一凡遇由驿驰奏事件，所有夹板随咨，均交盛京兵部交驿转递京兵部转奏。

一凡遇应题事件，均随时按照送本班次咨交盛京各部转给差官附递。如遇定限事，各部均无本章，即由本衙门派员赍送。

一凡有具题事件，每年按四季将题过数目造具事由清册咨送通政使司衙门。

一年内各司咨报军机事件，均由折本房汇总装封交便差带送，遇咨报部旗事件，均装封咨送盛京兵部，由驿转发。十月内，户司咨报福建闽江人数，兵司咨报坐补官员数目、三陵补放章京品级数目，刑司咨报窃盗会题已获、未获逃逸各犯，工司咨报查验十八处城工及征收木税银两，并回残铅子火药各数目。十一月内，将一年奏事奉到，朱批装匣咨报军机处呈缴。

一将军所属内外各城主事笔帖式等，每届三年，京察一次分析等第造，调由盛京兵部转咨吏部吏科、京畿道都察院。

户司应办事宜

一将军岁支俸银一百八十两，养廉银二千两，随甲银二百七十六两，随缺地四十六日四亩，府在城里南街金银库西，坐北向南，随缺住房五十七间。

一盛京将军原设每年额支养廉银二千两，向分春秋二季由金银库关支。嗣于光绪二年，经原任钦差刑部尚书、署盛京将军崇实奏陈变通吏治章程案内，钦奉谕旨饬部会议覆准，停止向支养廉银二千两之数，酌定每年添给养廉实银八千两。自光绪二年为始，分春秋两季由山海关道在征收盈余及新增盈余两项下解送。

一副都统岁支俸银一百五十五两，养廉银五百二十两，随甲银一百八十两，随缺地十七日二亩，园地十三日四亩，府在抚近门外东关街北胡同，坐北向南，随缺住房四十间。

城守尉、协领岁支俸银一百三十两，每员随缺地五十日。

防守尉、佐领岁支俸银一百零五两，每员随缺地四十日。

防御岁支俸银八十两，每员随缺地四十日。

骁骑校岁支俸银六十两，每员随缺地三十日。

主事岁支俸银六十两，米六十斛，随缺地六十日。

笔帖式岁支俸银、米随品级照例支领，随缺地三十日。

外郎岁支饷银二十四两，饷米三十二斛。

前锋领催兵丁随缺地各十日。

官员随缺地各纳仓粮与红册地粮数同。

兵丁随缺地例无仓粮。

一内外城官员每年春秋约领俸银三万九千余两。

一内外城兵丁每年春秋约领饷银四十四万七千余两。

一在司行走官员应领公费银两。协领四员，每月支领银一两五钱。佐领十二员，每月支银一两一钱。主事一员，每月支银一两一钱。笔帖式十二员，每月支银五钱。骁骑校四员，每月支银七钱五分。

一年约共支银三百余两。

一内外城，凡有印信衙门处，每年关领纸朱银二百零五两，余各照原定银数。分给祆三百九十六件，按年轮流散给，三年一周，原系乾隆三十八年奏准，裁汰马兵随缺地租征银项下支给。

一每年征收旗人买卖房园税银一千两上下不等，原先送部存库。道光二十七年，经将军镇国公弈湘阅操兵丁技艺，因旧无正款赏项，即奏准将此房园税银作为春秋操演奖赏之用，所有向扣兵饷平余银两充作操演奖赏之处奏请停止。

一盛京由四乡分八界，由协领派一员为总理八界协领，派佐领八员为界官，各管一界，催征地亩银粮。盛京内仓额征红册草豆三十七万八千余日，每日征草一束，征豆一升二合七勺，共征豆六千六百九十余石，共征草三十七万八千余束。额征米地六十八万一千三百余日，每日征米二升六合五勺五抄，共征米一万八千余石。将军会同户部，由五部及将军衙门司员内拣派正、副监督各一员，协领一员，主管征收，一年更换。

盛京八界升科地一万余亩，共征银三百余两。余租地三万零三百余亩，共收制钱一千八百余串，由八界界官主管催交恩赏银库，备放兵丁白赏。

一盛京城市卖牛、马、猪、羊，收税银五千余两银钱兼半征收，由五部侍郎内钦派一员为监督，一年更换。

一道光元年，在宗室总族长衙门设立高墙空房，圈禁获罪宗室、觉罗，因无炉火饭食之故，奏准由船规参余项下借银二万两，发交当商，一分生息，每年息银二千四百两，遇闰加增。除圈禁宗室、觉罗及弹压官兵，一年约支炉火饭食银一千余两，支给宗室学正管二员公费八十四两，支给各司笔墨纸张银三百余两，支给番役拜唐阿缉捕奖赏银四百两。余剩息银，按年交银库，另款存储。

一内外城兵丁马厂开地，作为伍田，共地三十四万六千八百余亩，每亩征银四分，每年额征银一万三千八百七十余两随考成送交银库。

一养息牧开荒于嘉庆十七年奏准，招旗佃开垦地三十余万亩。除翻起砂石报销外，十四万六千余亩。每亩征银四分，每年额征银五千八百四十余两，派佐领一员为总管，派防御二员为界官，分东西两界，主管征收，每届三年更换。

一海口渔船长不过三丈二尺，宽不过八尺。如逾式五尺，加税银五分。每船征银一两至四两五钱不等。各在本界境捕鱼，不许越界。如愿运粮者，另起照票。商船减半之例，每船征银十两，以八两五钱解部交库，以一两五钱作为兵役饭食、纸笔之费。

一沈城、浑河、辽阳、太资河、巨流河，每有私船偷运粮石之事。于道光二十三年，经将军公禧奏准查明，三尺以上、有铺板大牛船，每只征税银一两五钱；三尺以下、无铺板小牛船，每只征税一两。如装一石，扣收东钱二百文。如装杂货，按其觔重值，仿照粮石，核酌扣收船规。每收钱十千，作银一两，照商船。如足二十两，亦以十七两解库，以三两留作兵役饭食、纸笔之费，每年约收东钱十八九万千不等。

一锦、广、宁、义四州县，征收大粮庄头退圈地亩米、豆，派员运送通州，分作两次，由天津县催船前来装载。初次运米一万五六千石，二次运豆一万八九千石不等，由府尹衙门主稿，会同办理。

一外有自咸丰三年九月初二日奉上谕，将宗室、觉罗、官员、兵丁红赏一概停止，兵丁白赏每两折为一串制钱散放。

一办理宗室、觉罗红白事件、关赏，并增故子女及获罪、圈禁者，支给炉火、饭食银两。

一办理争控、户婚、田土、钱债。

一催征各项税课应入仓库钱粮。

一办理旗地水旱灾伤，照例赈恤蠲缓钱粮。

一办理旗人三年一次比丁册档，及每年旗民编设保甲。

一每年各城麦秋分数，大秋收成分数，办理具题。

一每年春起至五月底止，各城得雨情形，办理具题。

一查办各海口、流寓、闯江人有无增减，每年十月，咨报军机处户部。

一每年春融，派员往查科尔沁蒙古王旗有无私招流民垦地及昌图八社人民地亩有无增减，咨报理藩院户部。

每年春秋，各处低洼之区有无蝻子化生之处，地方官加意搜查结报，将军会同府尹具奏一次。

一每年底，开原界内产金处所有无匪徒淘挖金砂，地方官加结详报，将军会同府尹具奏一次。

一直东省商船进口装运粮石，各地方官预请粮照，将军会同府尹钤印以备发给征收船规。

一每年本衙门夜捕手四名，关领口米、秤石及糯面、油、笤帚、盐、觔等物，咨行盛京户部关领。

一旗人无子嗣，呈请过继昭穆相当之侄为嗣者，咨报户部核办。

一旗人欲将效力年久仆人放出为民者，咨报户部核办。

一各城市卖粮价及仓存米数，按月册报将军衙门核办。

一各城每年征收山茧税、当商税、旗人买卖房园税、卖牛马猪羊税、斗秤店、帖牙行。一切税项银钱，呈送交库，按季造册，详报将军备查。

一各海口有无航海私度无票民人及边门有无流民携眷出边，各地方官按月册报将军查核。

一管理金银库事务，奏派省城协领一员为监督，二年更换。

一内外城官兵两季俸饷，各该管官造册送省核对，于六、腊月十五日大档过部关支。

一各驻防旗人买卖红册地亩，退领余地，照例咨部更名。

一各处驻防兵丁遇青黄不接之时，借就近旗民仓米石，春借秋还，咨行奉天府尹、盛京户部核办。

礼司应办事宜

一每月初五、二十五等日，大政殿朝集日期，将军以下官员，衔名造册，咨送盛京礼部。

一三陵大祭需用抬桌、官员，由将军出派咨送盛京礼部。

一遇考试之年，凡应童子试者，由将军考验骑射、国语，造册咨送奉天学政衙门收考。

一遇乡试之年，文武生员亦由将军考试验骑射、国语，造箭册咨送学政衙门录科，仍将该生三代履历造册，令该生持赴都京，各该旗转送礼部、兵部。

一文武举人遇会试之年，一体考验、转送。

一应领时宪书、官员衔名，每年秋季造册咨送钦天监，发给分散。

一北塔寺院于乾隆四十三年立满洲达喇嘛正、副各一名，得木奇、格思贵各二名，教习三名，遇有缺出，礼部会同将军拣选。其班的喇嘛二十名，遇有缺出，由八旗满洲蒙古闲散在北塔习学经卷者拣补。

一十月冬围，应用大纛五杆，应用做纛纺丝银九两零，由库关领。其纛顶等项，遇有失损之处，由盛京工部更换领用。

一每年捕打冬围，由围拉运送省狍鹿，应用小车七十二辆。每辆车脚银五两，由库关领。

一每年捕打冬围狍鹿送京，应用大车二十八辆。头、二次车十二辆，每辆车脚银二十两零五钱；三、四次车十六辆，每辆车脚银十九两零五钱，由库关领。

一初次鲜应进风干鹿肉，于每年八月内派炮手章京带领兵丁出英额边门捕打。

一应进鲜鹿肉、野鸡等物，装载官车，派官驰驿送京。

一随三次鹿差应进野鸡，行饬各外城派委官兵捕打送省。

一十月围盛装鹿尾、鹿舌、野鸡等物，需用大小木箱、席、皮、绳、麻、白蜡、篓箩、皮笔、木锹、木盘、水桶、筛箩、单布、口袋等项，由盛京工部领取。其打洗盘肠应用白盐水瓢、刷笤，由盛京户部关领。

一二年一次捕拿鹿羔六十只，于四月内演围官兵捕拿送省喂养，十月内送京，应用车六十辆。每车需用一夫一马，每一夫一马折价银七两，共折银四百二十两，由库关领。

一每年捕打冬围，需用熄鹿、包皮大匝箩、盛装鹿尾木箱等物，均由盛京工部关领。

一每年捕鲜应进风干鹿肉等物送京，需用全车二辆，木箱、席片、绳子、毛毡等物，均由盛京工部关领。

一每年送京二次、三次鲜鹿肉、鹿尾等物,需用全车五辆,由盛京工部关领。

一每年捕打冬围,查收鹿尾等物,需用白蜡、席片、绳子等物,由盛京工部关领。

一每年捕打冬围,打洗鹿狍肠肚,需用包皮大巨箩、椴木方盘、白蜡盐等物,由盛京户、工二部关领。

一每年送京盛装獐、狍背式骨,并盛装野鸡需用木匣、荆条筐、绳子等物,由盛京工部关领。

一汉军八旗额设义学生一百二十名,在学读书,自备膏火。设教习四员,由各处笔帖式拣选充补,三年更换,每员月支公费银二两,由库关领。

一盛京礼部额设官学生一百四十名内,满洲每旗八名,蒙古每旗一名,汉军每旗一名,内务府六十名。设立助教官,一切应领公费,均系礼部主办。

一守节孀妇应请旌表,按年册报礼部,题准后,每口给建坊银三十两,由库关领。宗室、觉罗守节孀妇由宗人府题请旌表。宗室孀妇每口给建坊银三十五两、缎二匹;觉罗孀妇每口给建坊银三十两、缎一匹,由库关领。

一遇外藩、蒙古王公、贝勒及福晋等病故,由理藩院咨令派员致祭者,需用羊三四只,每只折银一两;酒三四瓶,每瓶折银六钱,均由库关领。

一鲜、冬围应进鹿只等数目,自道光二十三年起,谨按朱笔改减之数呈,进著为例。

初次鲜,盛京将军应进鲜鹿尾五盘咸丰十年,添进十盘,现进十五盘,鲜鹿舌五个,鲜鹿肋条十块,鲜鹿发尔什二十块,鹿大肠五根,鹿盘肠五根,鹿肚五个,汤鹿肉七块,晾鹿肉三十块,东鸭六十只系内务府备办。

二次鲜，应举行冬围之年，进二次鲜、三次鲜。初、二、三、四次鹿尾等项停围不进进鲜鹿尾十盘，鲜鹿舌十个，鲜鹿肋条八块，鲜鹿发尔什八块，鹿大肠二根，鹿盘肠二根，野鸡一百只。

三次鲜，应进鲜鹿尾五盘，鲜鹿舌五个，汤鹿四支，鲜鹿肋条十块，鲜鹿发尔什十块，鹿大肠五根，鹿盘肠五根，鹿肝肺四分，鹿肚五个，折件狍四只，狍肠十二根。

初次鹿差应进鹿尾八十盘头等四十个，二等二十个，三等二十个，鹿舌八十个，毛鹿四十只，鹿大肠六十根，鹿盘肠一百二十根，鹿肚三十二个，鹿肝肺十分，狍子三十只，狍肠十八根，獐子十只。

二次鹿差应进鹿尾八十盘分头、二、三等，数目照头次，鹿舌八十个，毛鹿四十只，鹿大肠六十根，鹿盘肠一百二十根，鹿肚三十二个，鹿肝肺十分，狍子三十只，狍肠十八根，獐子十只。

三次鹿差应进鹿尾八十盘分头、二、三等，数目照头二次，鹿舌八十个，汤鹿二十只，毛鹿八十只，鹿大肠四十根，鹿盘肠八十根，鹿肚三十二个，鹿肝肺十分，狍子五十只，狍肠十八根，獐子二十只，湿鹿筋一百斤，树鸡四十只，野鸡四百只，鹿舒满一百根。

四次鹿差应送礼部毛鹿二百二十只，狍子八十只。

年贡应进鹿尾二十盘，鹿舌二十个，汤鹿十只，鹿大肠四根，鹿盘肠八根，鹿肚四个，鹿肝肺四分，狍十只，狍肠十二根，树鸡三十只，野鸡二百只，东鸭二十只系内务府备办，通睛鱼二十九尾外加一尾，哲鲁鱼二十三尾外加一尾，细鳞鱼二十一尾外加一尾，白鱼十五尾外加一尾，鳊花鱼八尾，敖花鱼八尾，去皮山里红八罐，带皮山里红八罐，香水梨八罐，截梨八罐，花红八罐，平顶香八罐，书喜八罐，白糖九匣，干菜九匣，卤虾九瓶，卤虾油九瓶，卤虾小菜九瓶，箭杆二百根，蚕茧一匣，火茸一匣，枪杆二十根。

每年随三次鹿差应进虎皮三张行围年进，虎胫骨三副，虎威骨三副，獐子嘎什哈二百八十个，狍子嘎什哈三百二十个。

兵司应办事宜

一新任将军到任日期专折奏闻外，照缮本具题报兵部，恭缴旧领敕谕送兵科，请换新敕谕。

一新任副都统到任日期，报兵部。

一盛京将军、副都统各按到任之日起，扣满三年，奏请陛见，咨报部旗。

一城守尉八员，各按到任之日起，扣满三年，先期呈报将军，代为奏请陛见，咨报部旗。

一三品协领六年期满，咨送兵部，带领引见。

一协领及三陵翼长缺出，遇有记名人员，随时缮折奏补。

一佐领、防御、骁骑校缺出，遇有记名之人，照例坐补，咨报部旗。

一凡有因公降调旗员，统候应升人员，用过二缺后，第三次缺出，将该员降调，情由声明，出具切实考语，咨送兵部，转咨本旗，带领引见补放。

一世袭官员缺出，先将该员家谱核对明白，再行传唤应袭之人，照例拣选袭替。

一世袭各袭替后，即将诰敕咨送吏部，填注袭替人名。

一世袭官员内，如有年未及岁袭替者，年至十六岁给咨送部，补行引见。如该员身躯矮小，照例奏请展限二年，候年十八岁再行给咨赴部引见。

一袭替佐领之人，如若年未及岁，其佐领事务照例委员署理，随时咨报部旗。

一四、五品武职各官，遇有年老患病告休者，照例随时缮本具题。六品武职官员，遇有年老患病告休者，照例咨报兵部。

一出征官员，如因年老、残疾辞退者，将该员履历造册咨送兵部具题，分别年岁、劳绩，给予半俸、全俸，以养余年。

一移扎塔尔巴哈台防御、骁骑校各缺，派员署理，遇有更换，照例咨报户、兵二部。

一世袭佐领升授别城协领者，其原管之佐领照例委员署理，咨报部旗。

一内城佐领升授内城协领者，其原管之佐领仍着本身兼管之处，咨报部旗。

一内城佐领有升授本旗、本翼协领，其原管之佐领，令其与别旗、别翼人员调换管理，咨报部旗。

一三陵章京品级缺出，补放之人随时咨报部旗，俟十月内汇总，咨报军机部旗。

一武职各官军政，准兵部来咨，五年一次，照例举行。

一文职各官京察，准吏部来咨，三年一次，照例举行。

一佐领以下等官换缺，随时咨报兵部，俟十月内汇总，咨报军机部旗。

一本衙门新放文职官员由部领来执照，咨送吏部缴销。

一考试满汉旗缮译、笔帖式人等，照例会同五部验看骑射，造册咨送盛京兵部考试。

一捐纳贡监，先据该管官保送，到日咨送户部，俟部覆到日，再行饬取该生等、旗佐等年貌，册结咨送盛京兵部复核。

一兴京、开原、辽阳、凤凰城、岫岩、牛庄、广宁等七城委官缺出，由该处领催内拣选，出具考语，保送将军补放。金州、锦州所属委官缺出，由该副都统补放。

一武职各官，经制册档，每年春秋二季咨送兵部。

一内外各城官员，遇有公出关防、图记事务，委员署理日期，按四季造册咨送汇总送部。

一年满仓官及笔帖式六年俸满，愿就武职者，由盛京兵部转咨吏、兵二部查办。俟覆准，行取该员履历，验看骑射，咨送兵部，带领引见后，遇有该旗骁骑校缺出，俟应升人员用过三缺后，至第四缺出，将此项改补人员补用。

一内外城笔帖式内有无力迁移眷属情愿调换就近当差者，本衙门照例咨请吏部。

一三陵翼长缺出，由三陵防御，并由内外城满洲公中佐领、防御内公同拣选补放。

一盛京礼部读祝官、赞礼郎十年俸满，愿就武职者，由该部咨行盛京兵部，转咨吏、兵二部，俟部覆准，到日行取该员履历，验看骑射，咨送兵部带领引见。俟遇该旗防御缺出，俟骁骑校用过三缺后，至第四次缺出，将此项改补人员补用。

一道光十六年，奏将蒙古、巴尔虎佐领以下官缺照依拣选蒙古协领之例，将蒙古、巴尔虎两项人员合并拣放。经兵部议覆，如巴尔虎官员补放蒙古之缺，蒙古官员补放巴尔虎之缺，该将军随时奏明等因，奉旨依议。

一道光十七年，奏请由蒙古佐领内添设帮办协领一员，汉军佐领内添设帮办协领二员，赏给三品虚衔顶戴，仍食佐领原俸，令其帮同协领办事，分管旗务，与协领一体当差，毋庸另给经费等因，奉旨依议。

一准兵部咨盛京添设帮办协领人员，系于佐领内拣选，正陪引见补放。遇有应升协领缺出，应由该将军察看人材当差，即行奏补，其所遗帮办协领员缺，即以保放帮办协领，拟陪记名佐领奏补。

一盛京兵部三年一次点验内外各城官兵、器械，于道光九年正月内奏，奉谕旨，凡嗣后盛京兵部点验军器之例，着照所请停止，饬令各该城守尉等，每于年终，将一切军器造册呈报将军衙门，咨送兵部存查，并责成将军随时酌量，密委妥员前往抽查，以昭核实。钦此。又于道光十九年十二月内，准兵部咨开内阁抄出，盛京将军宗室耆英等奏，奉谕旨，凡嗣后每届三年点验军器，将将军、五部侍郎、副都统衔名开单，奏请简派分往各城点验。钦此。又于道光二十二年，奏改将各城军器调至省城，公同点验。

一每年年底将盛京所属各城所储炮位鸟枪数目及兵额数目造册，咨报兵部。

一将军三年一次考验旅顺口水师营战船，金州副都统每年于春季前往水师操演战船之处，本衙门缮本具题，报兵部兵科。

一凡各地方有丢失牛、马案件，咨行盛京兵部注档。

一每年春秋二季，官兵操演骑射、枪炮、号令。

一凡有出征兵丁，年届五十以上，因残疾辞退者，咨部给予半饷养赡。

一道光十一年奏准各外城应行来省差便官兵，就近考验骑射。

一东六边门以外安设卡伦二十一处，边内安设卡伦三处，每年四月初一日，出派官兵前往坐放，一年更换。

计开：边外总巡小黄沟卡伦官二员，领催兵二十五名，三道浪头卡伦官二员，领催兵三十名，中江卡伦官一员，领催兵二十名，大江口卡伦官一员，领催兵二十名，古河口卡伦官一员，领催兵十五名，大雅尔河卡伦官一员，领催兵十名，总巡头道江卡伦官二员，领催兵三十五名，六道河卡伦官一员，领催兵二十名，矿洞沟卡伦官一员，领催兵十名，红石拉子卡伦官一员，兵十五名。大罗圈沟卡伦，哈尔敏河卡伦，碗口卡伦，辉发霍吞卡伦，那尔浑毕拉昂阿卡伦，以上每卡伦官二员，兵二十名。总巡帽尔山卡伦官二员，领催兵三十名。杨木林子卡伦，榆树林子卡伦，古城卡伦，小三道沟卡伦，以上每卡伦官一员，兵二十名。拉子沟卡伦官一员，领催兵十名调赴金坑驻扎。三道浪头堵御木排官一员，兵二十名，每年开河起，封河止两季更换。边内佛小岛子卡伦，顶山拐卡伦，小石棚卡伦，以上每处官一员，领催兵十名。边内外共卡伦二十四处，边外二十一处官二十五员，领催兵四百二十名，边内三处官三员，领催兵三十名。内除帽尔山官关领盐菜银一百两，其余边外每官一年关领盐菜银二十四两，每兵一年关领盐菜银十六两，边内每官一年关领盐菜银十五两，每兵一年关领盐菜银十两，堵御木排官兵盐菜银与坐卡同。

一每年四季由内外城城守尉、防守尉、协领内按季各派一员，带领官兵统巡边之内外卡伦境界，查拿偷砍木植、私挖人参、偷打鹿茸贼犯，该巡官每季关领盐菜银二百两。因道光二十六年，朝鲜国王咨报瑷阳江两岸有山贼结舍垦田之事具奏，奉上谕，钦差大臣会同将军亲临查办，定拟章程，以匪民出边。春种秋收，正可焚舍毁田，将统巡官改为春秋两季各查四个月，与朝鲜国员会哨，差毕结报具奏，该统巡官按季各关领盐菜银二百五十两。行之未久，至道光二十八年，将军奕湘以贼犯砍木，冬砍夏运，无员稽查，又奏请将统巡官归复旧制，仍按四季出派往巡三个月，仍关领盐菜银二百两，将边之内外坐卡官兵改为半年更换等因，于道光二十八年八月初二日，奉上谕，凡嗣后奉天东边内外新旧卡伦二十四处官兵，着照议改为六个月更换一次。至派员巡查，仍照旧章，按季出派一员，作为统巡，认真稽查，钦此。

一每届三年，将盛京将军、副都统、五部侍郎衔名开单，奏请钦派一员出边，巡查一季，关领盐菜银六百两。

一每年春季出派省城协领一员，前往边外各卡界内，专查贼匪偷挖鹿窖，关领盐菜银二百两。

一每年送交武备院箭杆八千根，按照兵额分派备用。

一每年出派内外各城捕打冬围官六十九员。

一每年出派内外各城赴京恭送鲜肉等项差官十五员。

一每年出派内外各城捕打冬围兵一千名，每名支给资装银十五两，共资装银一万五千两，由库关领。

一每年出派兴京、开原二城官各一员，捕打进贡野鸡。

一每逢福、昭陵大祭，出派官员恭送祝版。

一每年出派协领一员，协办内务府事务。

一每月出派官二员，协同宗室营主事办理一切事务。

一养息牧试垦地亩处，派佐领一员作为总管，防御二员作为界官，三年更换。又派马兵二十四名，贴写、办事、步兵九十五名，催征地亩租项银两。

一八旗城门、堂子等处，马甲堆拨共三十二处，每处官一员，兵五名、十名至二十名不等，每班十日更换。

一八旗轮流预备马十匹入圈喂养，以备专差赍送紧要公文、赴外城查探紧要差使，十日一轮。

一嘉庆十年奏准，凡门仓收禁候审人犯，每日支给口米，折钱二十五文，每年由官参余项下领银一百两以备支用。

查道光二十二年，将军禧恩筹议海疆撤防善后事宜条款内，奏明添设抬枪火器连环阵式兵丁二千名，内有长矛兵二百名，所需长矛一项，奏明行合河南巡抚于出产地方采办，白蜡杆三百根，运交奉省，如数解到教兵练习所。有演长矛兵二百名，派协领一员，佐领四员，专管教演，按年每兵放给制钱十串，作为公费，共需二千串，在马干归款余息项下动用。迨至二十六年，将军奕湘奏准，八旗官兵二季操演，并无正款赏项，奏准将户司征收房税银两留充赏款。如不敷用，再由长矛兵丁公费内每年抽拨一千串，作为操演骑射奖赏之需。

一道光十年三月十六日，奉上谕，念陪都地方断不容戏班聚集，日趋侈靡著富，俊即将盛京城内外所有各戏班杂剧概行驱逐，饬令地方官严行查察，嗣后再不准潜行入境。每届年终，着该将军会同五部侍郎、奉天府府尹，将境内并无戏班之处联名具奏。如再有潜留之处，惟该将军等是问。钦此，钦遵。按年查禁具奏在案。嗣后，于咸丰九年，因亢旱得雨，商民呈请演戏酬神祝嘏，奏经允准。

一义州城守尉缺分，由内务府人员挑放原委。崇德四年，固伦公主下嫁察哈力有里呢，原有陪送各户人丁内，有萨兰授为长史。康熙十四年，察哈力布里呢叛萨兰之子新珠，弃家赴京，陈奏引兵剿灭。奉谕旨授新珠为义州城守尉，并予世袭二等轻车都尉，约束陪嫁各项人丁。迨后，新珠子孙乌征额袭替。乾隆十六年，乌征额升授锦州副都统，因伊曾孙额楞额袭城守尉，不谙事务，恐负重任，据情咨请，由义州十九佐领内拣放。至乾隆二十一年，奉谕旨，城守尉系一城之首领大员，不但非子孙可袭替之缺，且不合例，从此义州城守尉缺出，由包衣佐领内拣放，但已经袭替数世，着赏云骑尉一缺由新珠子孙内永远袭替，钦此。

一查新满洲人丁原在乌拉地方居住，于康熙十七年，经议政王大臣议奏，奉谕旨将新满洲副都统衔布克头扎努喀三十一佐领管下人丁连眷属，共一万余口，俱着改住盛京，各随各牛录管理当差在案。

一查巴尔虎人丁于康熙三十一年，经王大臣议奏，因巴尔虎人等生计艰难，请改驻盛京等处披甲吃粮，移来一千二百余人。每百名编一佐领，分驻于开原、辽阳、熊岳、复州、金州、岫岩、凤凰城等七处，每城一佐领，省城三佐领，共十佐领分管当差在案。

一查西勒人丁原在伯都讷地方居住，于康熙三十八年，经固山额真巴尔哈泰奏准，移驻盛京二千余名，分驻八城，安置披甲当差在案。

一查金州汉军人原系康熙十九年招安民壮当差，至康熙二十六年奏准编为厢黄、正黄、正白三旗，各设佐领一员、骁骑校一员，如佐领缺出，由骁骑校拣选。厢黄、正黄二旗额设三两领催各四名、二两领催各一名、二两兵各三名、一两五钱领催各二名、一两五钱兵厢黄旗兵六十名、一两五钱兵正黄旗兵五十九名。正白旗额设三两领催三名、二两领催各一名、一两五钱领催三名、一两五钱兵五十八名。以上三旗共官六员，领催兵二百零八名。

一查旅顺口水师营原系康熙五十年奏设，由金州招安民壮内挑选四百七十名，编为兵丁，又由投降海盗陈尚义、张可达等挑选熟谙水性、掌舵者三十名作为教习，设副手、千把各官管束，由登州拨来战船十只，操演巡哨。嗣奉上谕，将营官裁撤，改设汉军协领一员由省城汉军佐领内拣选、佐领二员、防御四员、骁骑校八员自佐领、防御、骁骑校俱由水营应升人员拣选。又将投降之海盗三十名俱入旗，同壮丁等编为左、右两营。将山东送船之水手留营，作为民舵，与旗兵一体当差，关领银米。至嘉庆四五年间，复由金州拨归水师营三两汉军领催六名、一两五钱兵九十四名，此内添设领催四名。协领俸银一百三十两，米一百三十斛，原给官房二十间；佐领俸银一百零五两，米一百零五斛，原给官房十五间；防御俸银八十两，米八十斛，原给官房十间；骁骑校俸银六十两，米六十斛，原给官房六间；兵丁各原给官房六间，食三两领催二十六名内，十名月支粟米各六斗，正舵五十名内，五名月支粟米各六斗；食一两五钱领催三十四名，兵五百四十名内，二两四十名，月支粟米各三斗；食二两二钱五分旗正水手三十名，民正水手二十名内，二十五名月支粟米各四斗五升。食一两八钱七分五厘旗副水手二十八名，民副水手一十二名内，二十名月支粟米各三斗七升五合。以上应支粟米俱由金州民仓就近关领。

盛京本城驻防世袭官员及外城袭缺官员列后，盛京新满洲八旗佐领内，每旗世袭佐领三员，惟镶白、正蓝二旗各少一员。其世袭佐领二十二员，世袭骑都尉五员，世袭云骑尉四员，新袭云骑尉二十二员，世袭恩骑尉四员，云骑尉降袭恩骑尉三员。蒙古所管巴尔虎正白旗，世袭佐领一员，世袭云骑尉一员，云骑尉降袭恩骑尉一员。汉军八旗佐领内正黄、正白、正红、镶红、正蓝、镶蓝等六旗世袭佐领六员，世袭三等轻车都尉一员，世袭骑都尉三员，世袭云骑尉三员，新袭云骑尉三十九员，世袭恩骑尉一员。

开原满洲正黄旗，世袭佐领一员，新袭云骑尉一员满洲。

巴尔虎镶黄旗，世袭佐领一员。

凤凰城世袭云骑尉二员满洲，新袭云骑尉一员满洲。

广宁满洲正白旗世袭佐领二员，新袭云骑尉三员满洲一员，汉军二员。

熊岳世袭云骑尉三员满洲、蒙古、巴尔虎各一员，世袭恩骑尉三员俱系满洲。

复州世袭恩骑尉二员俱满洲，新袭云骑尉一员满洲。

岫岩世袭恩骑尉二员俱满洲，新袭云骑尉一员满洲。

盖州世袭骑都尉一员汉军，世袭云骑尉一员满洲。

锦州满洲镶黄旗世袭佐领一员；满洲正黄旗世袭佐领一员，新袭云骑尉七员满洲，世袭恩骑尉一员。

宁远世袭恩骑尉一员。

义州满洲镶黄旗世袭佐领三员；满洲正白旗世袭佐领四员；包衣镶黄旗

世袭佐领一员，新袭云骑尉十二员满洲二员，余袭包衣。

兴京新袭满洲云骑尉一员。

辽阳新袭蒙古云骑尉一员。

金州新袭满洲云骑尉一员，蒙古云骑尉一员。

小黑山新袭满洲云骑尉二员，汉军云骑尉一员。

巨流河世袭汉军云骑尉一员。

中后所新袭汉军云骑尉一员。

宁远世袭满洲恩骑尉一员。

刑司应办事宜

一本省所属各城报窃案件，每年于十月内汇总造册咨送军机处、兵刑二部。

一各省脱逃改遣人犯已获、未获之处，每年于十月内造册咨送军机处、刑部。

一各省督抚、将军等随带家人、常随有无收受门包之处，年终加结，咨报刑部。

一由京置买家奴，有无转卖图利之处，年终查明，咨报刑部。

一盛京刑部治罪完结人犯名下应追赃银转饬各旗催追。

一每年出派会官一员，赴盛京刑部会同审办挖参、偷木等案。

一查拿制造牌骰并遣所脱逃等犯，咨送盛京刑部治罪，外将原拿旗员等题请议叙。

一失察制造赌具之员，咨参交部议处。

一失察私入围场偷打鸟枪等犯之坐卡伦官员、边门章京、界官，咨参交部议处。

一未获盗犯及赃逾满贯窃犯并奸拐等犯之承缉、督缉官，咨参交部议处。

一失察旗人行窃之该管官等，咨参交部议处。

一边外各卡及边门章京等拿获偷砍木植人犯，咨送盛京刑部治罪，所获牲畜、器具等物，奖赏原拿兵等，其所有木植均就近札饬该卡伦造册报明看守在山存放外，边有贼匪、木植数目，每于年终会奏一次。

一办理边之内外木植。自道光七年，经将军奕颢因在边外拿获私木，招商认买，每有奸商藉端砍运，拟将所获私木毋庸招商认买。以杜奸商影射夹带之弊，奏奉谕旨，凡嗣后如有拿获私木，仍遵前旨，不准招商变价，任其在山存放，钦此钦遵在案。又于十五年，承准军机大臣字寄奉上谕，凡边门以外拿获偷砍官山树木，前曾降旨不准擅行变卖，嗣因奸商影射图利，并未查拿净尽，且历年拿获私木，在山存放日久，若何稽查，其私木作为如何办理，倘竟任其霉烂郯朽，则是货弃于地，岂不可惜？其影射夹带等弊，应如何禁绝，着该将军妥议章程具奏，钦此。当经奏明，将边内木植共变银一万八千余两，交商，按一分生息，每年息银二千二百余两，作为在城八旗闲散学习鸟枪公费等因，具奏。嗣于道光十六年，承准军机大臣字寄奉上谕，凡边外木植，着仍照前存放，此内如有成材之料，可以通内河挽运者。如遇盛京工部岁修等项工程，即可随时拣选，以资工用。至边内木植，查有可以变价者，饬令招商估变银两生息，添给闲散学习鸟枪需用，钦此。钦遵在案。

工司应办事宜

一锦州、义州、复州、辽阳等四城开采煤窑六十二座，每座每年应交税银十七两六分八厘，共应交银一千零九十一两六钱九分六厘，按年解交盛京户部收库。

计开：辽阳属界煤窑二十九座，复州属界煤窑十五座，锦州属界煤窑十八座。

一锦州、辽阳、凤凰城本城所属各河口，每年共征木税银一千九百九十五两零，均归浑河口木税监督协领治中分解盛京户部收库。

计开：浑河口每年应征木税银八百零一两零，辽阳大资河每年应征木税银一千零六十四两零，凤凰城曹河口每年应征木税银七十三两零，锦州小凌河口每年应征木税银五十五两零。

一内外各城处共兵一万六千五百九十二名，每兵各摊交雕翎一披四分四厘零，每年共应交雕翎八千副，每副计三披，又应交箭杆八千根，均行取驿车派员送交武备院查收。盛京雕翎应用木箱四个、毡子四条、绳子十六条、丈席八领，由盛京工部领用。

一兴京边门每年砍办楮榆车轴二十根，行取驮车派员解交内务府，所需砍工运脚银二十二两三钱零，由盛京工部关领。

一每年盛京工部会同将军派员配造本省，并黑龙江操演火药四万九千九百四十三斤零，烘药三百三十九斤十五两零。又同治四五年等年，官绅捐制抬枪、鸟枪，奏明添造火药一万八千七百七十一斤，烘药三百五十三斤零。又同治八年，设立马队，并客兵奏添火药二万六千六百斤，烘药五百四十斤。每年共应烧磺一万四千四百五十七斤零，委员赴岫岩界煎烧。柳炭一万八千余斤，荒硝十二万余斤。

以上共需夫丁、物料银九千二百七十余两，均由盛京户部按照折减章程关领。

除每年运交黑龙江应用火药外，余皆库存应用。

一内外城兵丁操演鸟枪所需铅丸内有不合枪口者，由各城旗自行重新灌造，计重五千四百八十六觔零，每百觔需用工价银八分，共用工价银四十三两八分零，由盛京工部关领。

一每年金州派官二员，带领领催、兵丁捕打上用虎班雕十副、皂雕二副、重尾二副、鹳雕七十二副、芝麻雕三百二十七副，解送武备院，应用毡子八条、抬筐七个、绳子一百条，由盛京工部领取。

一水师营设有战船十只，系闽、浙二省造送各五只。自新造之年为始，每届三年，小修一次，再届三年，大修一次，又届三年，如堪驾驶，折造改为大修一次。如遇小修一次，每船一只，除南省物料外，应在本处采买物料，工价银一百三十两零；如遇大修一次，每船一只，除南省物料外，应在本处采买物料，工价银二百两；折造改为大修一次，每船一只，除南省物料外，应在本处采买物料，工价银三百八十五两零，均由库关领。小修、大修、改修三项，应需南省物料，均由浙江购办委员解送，应需麻觔、一切颜料均由盛京工部领取。凡小修、大修折造剩存旧料储该营，以备下届搭配使用。如应改造新船，仍咨原造省分成造委员驾送，每逢大修、小修现在均由将军衙门具题。

一每遇大修、小修、改修，每船一只用南省棕篷匠六七名不等，到营起，至修竣止，做工五六十日不等，每日每名给口米一升，就近由金州民仓关领。

一战船十只，除题明守候修理之船外，其堪驾驶之船，每年例应验修一次，每只应用工料银八两零六分，由库关领。

一战船十只，每年每只应领苫席三十领，由盛京工部领取。

一道光二十三年奏准，战船不敷巡哨，该营雇觅商船，每年不定只数。如雇商船一只，每只每日价银一两，出口入泛约计一百一十余日，给价银一百一十余两，由银库关领。

一乾隆四十年，商人张君弼等捐修四路桥道，剩存本银四千六百九十九两四钱，交承德县，按月一分二厘生息，每年共收息银六百七十六两七钱零，该县收储，以备粘修。

一道光十八年奏，士民捐修柳河沟一带桥道，余剩银一千四百零五两，交承德县，一分生息，以备粘修。

一本衙门堂印、司印应用铺垫红毡及笔帖式等，每年应用笔一百一十只，墨二觔，并档房每年铺炕应用丈二席二十一领，掖捕手每年应用秫秸三百五十五束、法鞭四把，均由盛京工部领取。

一道光二十三年四月，奉上谕，禧恩奏酌拟巡洋会哨章程一折，准其将水师营额设战船十只内，每年拨派六只，每船派兵丁、水手六十名，分为三路，派官三员带领巡洋，南至山东交界之城隍岛以北地方，赴山东登州镇衙门呈验照票；东至岫岩大孤山与朝鲜交界处所，由岫岩城守尉查照验票；西至锦州洋面与直隶交界之天桥厂，赴锦州副都统衙门查验照票，以杜弊混。至船只除应行修补外，不敷拨派，暂雇商船出洋，并改期三月，出哨归□□□钦此。嗣经金州副都统饬据，水师营协领遵照奏定章程，每年三月出派官兵，发给印照，注载官兵姓名，驶船出泛，巡查海面，按处会哨在案。

盛京典制备考卷五

盛京典制备考卷五目录

恩赏库事宜

围场处事宜

恩赏库应办事宜

一内外城官员、兵丁红白事件应得赏银于乾隆元年奏准，动用库银二十万两，交官铺一分生息，以所得利核发散放。嗣于乾隆三十三年，奉旨停止官铺，奏准由库储余地租银内动用银五六万两，陆续咨领散放，按年造册题销。

一现任骁骑校、牧长、恩骑尉，并原品休致食整俸骁骑校，红事各赏银十两，白事各赏银二十两。

一原品休致食半俸骁骑校，红事赏银五两，白事赏银十两。

一食三两领催前锋、弓匠、达城门、校正、舵工，红事各赏银八两，白事各赏银十六两。

一食二两领催、兵役等，及食一两五钱步领催，红事各赏银六两，各赏十二两。

一食一两步甲、铁匠、箭匠，并留养兵，红事各赏银四两，白事各赏银八两。

一食五钱养育兵鳏夫、孀妇、孤子，红事各赏银三两，白事各赏银六两。

一原系兵役之子孙，红事各赏银二两，白事各赏银四两。

一外城官员、兵丁预领备赏银两，每年分作三次派员来领，存储备放。

一内外城官员、兵丁，红白事件纂计银两数目，由各旗处按月造具总册，呈报查核，扔按年将放出赏银数目加结呈报将军，照例缮本具题，仍造具核销总册，咨送户、兵二部查核。

一官兵接济银两一项，于乾隆三十四年经户部议奏，由库领银六万两，酌量各该地方官兵多寡，就近分存，借给官兵远近差徭，以资接济，分为四季，由饷银内坐扣存储，以备续借，所借银两数目、人名按月册报，仍春秋二季各造具总册，加结呈报查核，以备年终另造总册咨送户部查核。

一兵丁牛具银两一项，于乾隆五十四年奏准，由库领银六万两，酌量各该地方兵丁多寡，就近分存，实系有地无力兵丁，即行借给牛价银十二两，分为八季由饷内坐扣存储，以备续借，所借给银两数目、人名，按季造册结报，按年分晰造具总册呈报，以备另造总册咨送户部查核。

一内外城原领接济、牛具银数目：

盛京兵原领接济银二万七千两，牛具银二万五千三百四十四两，开原兵原领接济银三千五百六十两，牛具银三千四百二十两，铁岭兵原领接济银一千一百五十两，牛具银八百一十六两，法库门兵原领接济银六十两，牛具银七十二两，兴京兵原领接济银一千一百八十两，牛具银一千四百七十六两，抚顺兵原领接济银三百二十两，牛具银五百一十六两，辽阳兵原领接济银一千一百二十两，牛具银一千二百两，凤凰城兵原领接济银一千五百两，牛具银一千七百四十两，岫岩兵原领接济银一千三百六十两，牛具银一千四百八十八两，牛庄兵原领接济银九百四十两，牛具银一千零二十两，广宁兵原领接济银八百五十两，牛具银一千零八十两，巨流河兵原领接济银一千一百五十两，牛具银八百一十六两，白旗堡兵原领接济银一千一百五十两，牛具银八百一十六两，吕阳驿兵原领接济银一千一百五十两，牛具银八百一十六两，小黑山兵原领接济银一千一百五十两，牛具银八百一十六两，彰武台兵原领接济银六十两，牛具银七十二两，金州兵原领接济银一千五百四十八两，牛具银一千九百六十八两，盖州兵原领接济银一千一百八十两，牛具银一千三百六十八两，复州兵原领接济银一千四百九十两，牛具银一千六百二十两，熊岳兵原领接济银二千五百三十两，牛具银二千二百五十六两，水师营兵原领接济银八百六十二两，牛具银一千四百七十六两，锦州兵原领接济银一千七百五十两，牛具银二千一百二十四两，小凌河兵原领接济银一千一百五十两，牛具银八百一十六两，宁远兵原领接济银一千一百五十两，牛具银八百一十六两，中前所兵原领接济银一千一百五十两，牛具银八百一十六两，中后所兵原领接济银一千一百五十两，牛具银八百一十六两，松岭子门兵原领接济银六十两，牛具银七十二两，新台门兵原领接济银六十两，牛具银七十二两，白石嘴门兵原领接济银六十两，牛具银七十二两，梨树沟门兵原领接济银五十两，牛具银四十八两，明水塘门兵原领接济银五十两，牛具银四十八两，义州兵原领接济银一千七百五十两，牛具银二千五百二十两，清河门兵原领接济银六十两，牛具银七十二两，九关台门兵原领接济银六十两，牛具银七十二两，白土厂兵原领接济银五十两，牛具银四十八两，威远堡门兵原领接济银六十两，牛具银八十四两，英额门兵原领接济银六十两，牛具银八十四两，碱厂门兵原领接济银六十两，牛具银八十四两，叆阳门兵原领接济银六十两，牛具银八十四两，兴京门兵原领接济银六十两，牛具银八十四两，凤凰门兵原领接济银六十两，牛具银八十四两，永陵兵原领接济银二百两，牛具银二百八十八两，福陵兵原领接济银三百二十两，牛具银三百两，昭陵兵原领接济银二百六十两，牛具银三百两。内外城共领接济银六万两，牛具银六万两。

督捕、步营二司应办事宜

一督捕司额设月食一两饷银番役二十名，每名护身票一张。如有出城、出境巡缉各差，随时给票。

一嘉庆十年，奏准由参余项下每年支给银二百四十两，酌量番役差徭远近支赏。

一道光十九年，奏准由生息项下支给银二百两，照前备赏。

一各处报逃案件，咨行盛京刑部记档，饬役缉拿。

一拿获逃盗贼、窃贼、赌博、偷挖私参、造卖赌具等案，移送刑司办理。

一步营协领一员、佐领二员，八旗拜唐阿章京十员内，嘉庆二十一年，拨往养息牧管界章京二员，现有八员各管本旗街道，每五日轮派一员，在司值宿巡查。城里堆拨通共步领催一百三十二名、步兵一千零五十六名，内拨往养息牧当差步兵六十六名，现有步领催兵一千一百二十二名，内拣选步领催八名、步兵四十名为大班拜唐阿，总查城之内外一切赌博、娼优、盗窃、逃犯、凶酒、斗殴不法等事。

一每旗各挑选步领催四名、步兵八名为小班拜唐阿，稽查本旗赌博、娼优、盗窃、逃犯、凶酒、斗殴不法等事。

一八旗大小班拜唐阿拿获赌博人犯，毋论旗民，或自理完结，或应送部治罪，随时请堂示遵办。

一城内步兵堆房十二座，城外堆房二十八座，每堆房按二十日轮派值班领催二名、兵三四名不等。八旗边门步兵堆房八座，每堆房按二十日轮派值班领催一名、兵四名，各在本旗内，日间看管街道，夜晚击柝、送筹、查拿一切匪犯。官参局八旗公中堆房一所，二十日轮派值班领催一名、兵四名，在该处巡守。

一道光十九年，奏准由生息项下每年支银二百两，作为拜唐阿缉捕奖赏之费。

一督捕、步营二司官员督率每年拿获窃盗案件，按年汇总，咨部一次，论功论过。

一道光元年奏准，发商生息本银一万两，发给城内当商五十家，每月按一分生息，会同承德县按月造册呈报，每月息银一百两，交户司，以备散放圈禁犯罪宗室、觉罗饭食炉火。

一道光十五年奏准，发商生息制钱六万六千串，发给城内当商五十五家，每月按一分生息，会同承德县，按三九月交马政处，以备散放马干。

一道光十七年奏准，发商生息木植变价银七千四百五十八两五钱，发给城内钱铺三家，按月一分生息，会同承德县按二八月交马政处，以备散放各旗闲散学习鸟枪公费。

一道光元年，因盛京砖城内外大街两傍地沟百余年来，城内地沟虽系商民自行挑挖通入城中，七十二池消渗，近年池身与地沟间有阻塞，每遇雨水连绵，几至水无归宿。殊于宫殿、仓库、城垣大有关碍，城外大街两傍地沟亦系商民自行挑挖，归入护城濠内。于是奏明砖城内外地沟、城濠，并七十二池，俱改官为修挖疏浚，俾得一律畅通，庶与水利沟渠，均有裨益。此项动用银两，亦即在木植闲款内支给。嗣后砖城内外地沟、城濠，并七十二池饬令管理步营司协领，暨各界官经管、稽查，随时相度情形，酌量疏泄，勿致再有淤塞。

一乾隆四十四年奏准，附近省城居住之宗室、觉罗，如有滋事者，责成步营司协领稽查管束，每遇改派步营司协领时，由礼司咨呈宗人府备查。

一拿获制造、贩卖赌具人犯，随案送部审，实由将军衙门将原拿之员题请议叙。

一每年九月内，准各处送到窃盗案册，本司另造细册，咨送军机处、兵刑二部。

一每年督捕、步营二司及各城送到窃盗案起数，本司另造细册，十一月内咨送军机处、兵刑二部。该部统计一年内报窃之案，承缉官能获犯过半者，免其记过，未及半者，每八案记过一次。如获犯过半者，每五案记功一次，以四次记功改为纪录一次，兼统辖各员例无议处议叙。

一八旗拜唐阿等拿获窃案起数，按年于九月造册移送刑司咨部，承缉官注写步营司协领职名。数至百案者，承缉官记功十次。至一百二十案者，记功十二次。记功十次者，核得纪录二次。记功十二次者，核得纪录三次。

一拿获造作、贩卖赌具、牌骰人犯，承缉官查写步营协领职名，协缉官分翼分旗注写步营佐领及各该旗章京职名，题请议叙。

一盛京省城界址，凡边城以内、砖城内外街道地面分隶八旗防御管理，统归步营司总辖。巷口以内地面分隶八旗六十三界佐领管理，统归兵司总辖。边城以外分隶八旗查界佐领管理地面。

一砖城内外东面，左为内治门，属正红旗防御佐领等管界，右为抚近门，属镶红旗防御佐领等管界。南面左为德盛门，属镶黄旗防御佐领等管界，右为天祐门，属镶蓝旗防御佐领等管界。西面左为怀远门，属镶白旗防御佐领等管界，右为外攘门，属正黄旗防御佐领等管界。北面左为地载门，属正白旗防御佐领等管界，右为福胜门，属正蓝旗防御佐领管界。

一八旗步领催、兵等，每岁历关，老羊皮袄三百九十六件，每件价银一两六钱，造册具领，咨盛京户部扎库关领。

一光绪二年，经前任将军崇实以捷胜营公费制钱内，每年拨市钱二仟千，由马政处支领，备办司中心红奖赏。

马政处应办事宜

一道光十五年，前任将军奕经奏准，借支各城旗民库储制钱三十万串，分交内外城殷实富商按月一分生息，一年计得息钱三万六千串，发给内城六十六佐领，每佐领下添设操演马十匹，月支马干制钱三串，先尽前半年六个月马干作为马价，后半年六个月即散放作为马干。除按月支领外，每年钱一万二千二百四十串，暂缓归款，仍作本发商续行生息，计可添马四十匹，以备分拨外城兵丁操演。嗣因各城拉运拨解制钱车脚银七千八百二十八两二钱二分六厘，无项开销，咨请户部议覆，准由余息钱内分为四年归补，其余息钱一万零二百八十二串九百四十一个。于道光十一年，经前任将军宝兴查明，每年余息发商续行生息，实有窒碍，奏请停止生息，俟归还原款后，再行奏明补添各外城兵丁操马等情，奏准各在案。

计开：原领制钱三十万串。

发给各城当商钱数：

步营司、承德县原领制钱六万六千串，八旗、承德县原领制钱三万四千串，开原旗、民原领制钱三万串，兴京旗、民原领制钱八千串，辽阳旗、民原领制钱四万串，凤凰城旗、民原领制钱五千串，岫岩旗、民原领制钱四千串，复州旗、民原领制钱五百串，金州旗、民原领制钱一千五百串，义州旗、民原领制钱一万串，熊岳旗、民原领制钱一千串，锦州旗、民原领制钱三万串，牛庄旗、民原领制钱三万串，广宁旗、民原领制钱三万串，盖州旗、民原领制钱一万串。

自道光十五年十二月初一日起息。

一新设备佐领下官马，每年春秋两季派协领二员分翼查点，按年造具马匹毛片册报兵部。

一各旗马匹若有倒毙者，自倒毙之日起，扣留六个月马干作为马价，发给该旗买补。

一各城当铺承领生息制钱，责成该地方官取具联名互结加结呈报。

一各城当铺如有关闭，务须三个月以前呈报，将原领制钱责成该地方官另行发给当商，总期月不停息。

一每年所得息钱三万六千串，除一年马干钱二万三千七百六十串外，其余剩制钱一万二千二百四十串，尽数就近分收各库，归还原款。

一道光十八年奏准，木植变价银一万八千四百五十八两五钱分交殷实铺商，按月一分生息，作为六十六佐领下闲散学习鸟枪公费。每年所得生息银二千二百一十五两，除放六十六佐领下闲散各五名，每月公费银二两五钱，一年共放给公费银一千八百九十两外，其余银二百三十五两，以备按年春秋两季考验枪箭奖励之需。

计开：

牛庄原领发商生息银一万一千两；步营司原领发商生息银七千四百五十八两五钱。

此项银两自道光十九年正月二十日起息。

牧群司应办事宜

一大凌河牧群额设岁食六十两翼领二员，岁食四十五两牧长三十四员，月食三两副牧长三十四员、牧副三十四名，月食二两副牧副三十四名、牧丁五百二十六名。

一大凌河牧群翼领、牧长等缺出，该总管拣选人员呈送本衙门，给咨赴上驷院带领引见补放。

——大凌河牧群额设骟马十群、骒马二十四群，每群四百匹。

——大凌河牧群额设驼三十只。

——大凌河牧群每年小均群一次，每三年大均群一次。各将旧管、新收、开除实在马驼数目造册径送上驷院外，仍送将军衙门查核。

——大凌河骟马每年每百匹例准倒毙十匹，逾数倒毙者论过。

——大凌河骒马三年均群一次，此三年内，除孳生补抵倒毙外，每马五匹例取孳生马二匹。

——大凌河马匹每年于立冬日起，交管庄衙门所属各庄头入圈喂养，立夏日止，出圈牧放。入圈后，将军衙门派员查验各庄头应备之棚圈、槽铡有无齐整，并马匹膘分。

——大凌河牧群内有老口、残伤马匹，每年于五月小均群时，由该处变价，每匹价银一两至二两不等，分晰造册呈报将军衙门备查。其变价银两统届三年大均群之期，将银两由该牧群处汇总委员径解内务府广储司查收。

——上驷院每年咨取添圈骟马二三百匹不等，该处拣选径行送院。

——盛京内务府每年咨取大凌河驽马二十余匹不等，该处照数拣选解送将军衙门转送。

——大凌河牧群每年倒毙马皮，拣选张页宽大者，按四季径送盛京工部，以备采蜜做口袋应用，其破烂不堪者，俟年终径送武备院。

——大凌河牧长等每年赴上驷院领取治马药材、纸笔墨费等项。

——陈苏鲁克牧群额设月食二两银翼长二员、食一两银副翼长四名、牧长十四名。

——陈苏鲁克额设红牛二千条，定例六年均群一次。此六年孳生抵补倒毙外，每五条牛例取孳生牛二条。

一陈苏鲁克额设羊一万只，三年均群一次，此三年内除孳生抵补倒毙外，每羊三只例孳生羊一只。

一陵寝祭祀由盛京内务府咨取挤奶乳牛一百条至四十条不等，饬令陈苏鲁克牧长等拣选呈送入馆喂养。

一陈苏鲁克牧群每年备羊毛四百斤，咨送盛京工部应用。

一陵寝祭祀每年羊只预期准照盛京内务府咨取之数，由将军派员会同该馆达赴营拣选送馆喂养。

一每逢陵寝祭祀应用奶油、奶饼等物，饬令陈苏鲁克牧群备送盛京礼部。

一由陈苏鲁克选送盛京礼部拉运陵寝祭祀应用祭物，并耕种官地之犍牛十四条内，倘有倒毙，扎饬陈苏鲁克如数补送将军衙门转送。

一每年准盛京礼部咨取朝鲜国高丽由京还国应用筵宴羊只，饬由陈苏鲁克照数拣选。

一新设苏鲁克牧群额设月食二两牧长一员，月食一两副牧长一名、领催二名、牧牛人十五名。

一新设苏鲁克额管红牛二千条，定例六年均群一次，此六年内，除孳生抵补倒毙外，每五条牛例取孳生牛二条。

一新设苏鲁克每年应备奶油三百七十斤零二两、奶酒一百六十斤、奶饼一百六十斤零八两、小奶饼六斤，随二次鹿差照数咨送总管内务府。

一新设苏鲁克牛群牧长、领催、牧人等，如有红白事件，呈报将军衙门转移恩赏库关领赏银。

一于嘉庆十九年奏准，二年一次捕拿鹿羔，由新苏鲁克群内拣选乳牛八十条，并挤奶牧丁等喂养鹿羔应需口米草豆，咨行盛京户部关领。

——黑牛群额设月食二两翼长一员，月食一两副翼长一名、牧长三名。

——黑牛群额设黑牛一千条。

——黑牛群于平群之年，除额设一千条之外，由孳生拣选角尾端方大黑犍牛三百五十条，以备陵寝祭祀陆续取用。

——新陈苏鲁克黑牛群牧厂，每年十月内禁止荒火，行文各该处不时严查。

——新陈苏鲁克黑牛群翼长、牧长、领催、牧牛人等缺出，由该群牧役人等拣选呈堂补放。

——查陈苏鲁克原系盛京礼部管理，于乾隆三十年奉旨交将军管理，并无拟给红白事赏项。

——查新苏鲁克系康熙三十二年设立，交将军管理，拟有红白事赏项。

围场处应办事宜

——围场原设一百零五围，按年轮转捕猎。

——设围场协领一员，增设坐办围场事务协领一员，翼长佐领二员，增设办事佐领二员、骁骑校二员，梅伦骁骑校八员，后改四员，委官八名，后增四名奏增六品顶戴五名、八旗专达兵二百名。

——清明节前，委官二名带兵赴围场撩火一次。

——立夏节前，派翼长二员、梅伦二员带兵八十名出边演围。

——立夏节前，派围长带领梅伦二员、专达兵六名，周查围场。

——立秋节前，派梅伦、骁骑校二员、委官二名带领专达兵六十名，更换演围官兵。

一白露节前，派梅伦一员、专达二名带领卡兵十五名，在柳河身驻扎稽查，捕鲜官兵不准越界捕打牲畜。

一寒露节前，委官二名、专达四名带领卡兵看守围叚草木。

一冬围派委官一名、专达二名带领内务府兵二十名前往围场修理桥道，以备冬围车马行走。

一小雪节前，围长、翼长带领梅伦、委官、专达兵八十名，领矗打围。

一二年一次捕拿鹿羔六十，围长带领委官、专达兵三十二名、坐卡兵二百四十名于芒种节前赴围捕拿鹿羔。

一围场原设卡伦十二处，每处官一员、官兵二十名，系由外城出派官二十四员、兵四百八十名看守围场，分为三班。每官四个月关领盐菜银六两，每兵关领盐菜银四两，一年共领盐菜银三千零九十六两。

计开：围场卡伦十二处，南六台系西半拉河督查。

台毕拉应管七围：扎克丹、伯尔豁、台浑轮、勒夫都什西、勒夫朱卜启、勒夫得恩、妞合。

蒙古伙落应管三围：哈束力憨色钦、哈束力憨、哈束力憨伯野。

西半拉河应管九围：更刻、拉呼达、登噶拉、登噶拉达、山彦哈达、古砬子、山城子、十八道背、乌里。

大荒沟应管十一围：扎克丹哈达、野鸡背、嵌石岭、那力浑、登噶拉巴克钦、哈克山写远、付力哈色钦、占色钦、付力哈哈达写远、闹林子写远、束鲁写远。

土口子应管十四围：倭合台、御围年木州、御围巴彦、御围巴杨河写远、山城子、鲜围柳河身伯野、鲜围柳河身卜敦、鲜围吉林卜敦、御围吉林哈达、鲜围果尔敏朱敦、御围那力浑、鲜围牙启、御围乌束<small>写远</small>、妞妞鲜围。

梅河额夫勒应管十六围：

大付力哈、都林巴付力哈、小付力哈、付力哈<small>年木善</small>、舍力、御围查力巴、御围<small>黑嘴子</small>、阿布达拉洪阔、古瓦什鲜额夫勒、山彦倭合、御围归勒哈达布憨、御围<small>八旦岗子</small>、鲜围阿木巴勒克、鲜围阿几个勒克、鲜围朱鲁莽卡、鲜围三通辉憨<small>鲜围</small>。

北六台系赫尔苏督查。

双榆树应管五围：哈束力憨达、艾辛伯野、艾辛<small>年木善</small>、达启达、达启。

赫尔苏应管十围：乌尔尖哈达<small>王多罗束</small>、山彦哈达<small>王多罗束</small>、朱朱胡、查库兰达、查库兰、依马呼、乌鲁里、依马呼哈达<small>王多罗束</small>、鲜达布憨、乌鲁里布敦。

归勒合应管九围：归勒合哈达<small>王多罗束</small>、依兰木哈达、扎拉芬、大巴彦、小巴彦、韦军木鲁、小韦军、依巴卡巴、夫克锦。

孤山河应管五围：卡尔非音<small>王多罗束</small>、古城<small>王多罗束</small>、乌什哈、大韦军、额音木鲁。

那丹伯应管六围：阿几个色合勒<small>王多罗束</small>、阿木巴色合勒<small>王多罗束</small>、额林加们、御围卜尔善<small>鲜围</small>、扎尔启兰<small>鲜围</small>、辉发<small>鲜围</small>。

大沙河应管十围：阿兰达、额音、阿兰伯野、阿兰阿拉本、阿兰巴克钦、阿兰朱卜启、斋勒克<small>王多罗束</small>、阿兰<small>年木善</small>、阿木巴勒克<small>王多罗束</small>、依拉气勒克<small>王多罗束</small>。

以上共围一百零五围内，御围备巡幸，王多罗束围系内务府捕牲丁应差，鲜围系捕晒干鹿肉，历年十月轮捕六十三围。

捐输局应办事宜

一内外城铺户日捐、厘捐，因军兴饷匮，于咸丰六年经前任将军庆祺奏准，内外城铺户日捐逐日捐东钱数十文至一千余文不等，粮货厘捐货物价值东钱，每百千抽捐东钱一千，粮石每十石抽捐东钱一千。嗣于光绪二年，经原任刑部尚书署盛京将军崇实，因日捐流弊滋生，奏准裁撤，仅剩粮货厘捐每年约收银一千一二百两，东钱一百零五六万千不等，咨部备充兵饷。

一法库威远堡马千总台等边门车捐，于咸丰三年经前任将军宗室奕兴奏准，每年由立冬起，至次年清明止，由省派员分往各处，会同各该边门章京捐收出入拉运粮货车辆钱文，进门货车捐东钱六千，出门货车捐东钱二千，进门粮车捐东钱一千。嗣于光绪二年，经原任刑部尚书署盛京将军崇实因彰武台边门有奸商车运粮货绕越，奏准仿照法库等边门捐输章程，一律派员往收车捐，一年统共约收东钱三十四五万千不等，按年咨部备充兵饷。

盛京原设官参局应办事宜

一乾隆三十二年，奏定每年应放参票一千七百五十二张，每张收参五钱。每六两内抽一两，折银五两，作为公用。道光十二年，奏改折银十两，每年共应抽公用参一百四十六两，折银一千四百六十两，由船规项下领取动用，按年造册报销。其参仍归并官参，送交内务府。

一刨夫所得参内，除交官参外，余剩若干，填注部颁回山，照票准其原刨夫领出自卖。俟交官参完毕后，验称装箱，派官押送进关，任其自行贸易。

一买卖余参，每斤收税银四两内，交山海关税务饭银九钱五分二厘二毫，下剩银三两零四分七厘八毫，作为参局公用。

一每年派官二员、兵二十名，于立夏前赴汪清边门押票，监烙马印。刨夫出边后，押票官亦出边，在哈吗河地方安营。秋后刨夫回山，各按所得参包连皮称验，封贴印花，按台押送进局，挂号储库。

一嘉庆五年奏准，盛京各海口商船载粮出口，每船征银二十两内，以十七两津贴参票，以三两给海口兵役作为纸笔饭食之费。所征银两，除津贴参票及各项差徭外，其余解交金银库收储。

一嘉庆五年奏准，盛京奉省造卖黄酒之商民，踩造淮曲，每五千块，散给票一张。

一嘉庆十年奏定，每票一人，炊爨四人，各给腰牌一面，概令出汪清边门入山刨采，仍交参五分。

一嘉庆十二年六月，奉旨每年动用船规银四万四千三百七十二两零一分，抵办参票，每张发给银七十五两。

一办理参局事务协领一员，定为三年更换。佐领二员，定为二年更换。俾错综更代，均可以次熟悉谙练。

一每年钦派侍郎拣派本处司官随带入局，与将军府尹所派之员一同书稿办事。

一官参内如有秧参情弊，将军、副都统暨所派之协领、佐领系专办之员，府尹有地方之责，应行议处著赔，侍郎系会办之员，应一并议处，酌减摊赔，司官、通判职分较小，只系失于辨认，除应得处分外，免其分赔。

一官参到京后，如有挑出秧参，不计多寡，查系何界所种，即将该地方官、稽查官及局员等均革职提问。将军、副都统、府尹、钦派侍郎降三级调用。

一挑出秧参，按照斤两，于揽头名下追交解京。如无存参，遵钦定之价，令揽头交出解京。揽头如不能交纳，令承办之员代赔。

一承放票员，如果实力经理放票，足额给与纪录二次，如能连年足额者，按年给与加一级。

一嘉庆十六年，奉上谕，嗣后盛京、吉林、宁古塔等处应解官参，着以人参七成、泡丁三成为准，照数收解，该将军核实督办，钦此。

一嘉庆十七年，总管内务府咨定每年交官参务须择其上好者解京，余参着留该处听候，俟官参选验后，听其自便。如官参成数不足，调取商参验看，倘比官参较优，即将该处承办局员严参惩办。

一道光十六年，因广宁所属烧锅关闭过半，该城参票办理竭蹶，奏奉部议，将参票按照各城烧锅座数增减，均匀饬拨分领。本处酌定烧锅于七月初一日以前报开者，纳本年票，十月初一日以后，概不准报关。如有谎报者，将该商治罪，饬取地方官职名，送部查议，报部备案。

一每年参折银作办公经费需款列后，每年赴部咨领下年参票，并回缴本年剩票，官一员给包裹银二十五两，送回残参票包裹银十两。每年出派押票官随带兵丁，给纸笔银五两。每年赍送官参给车价银二十二两，给官兵路费银三十三两二钱。每年护送商参给车价银二十二两。每年给户部经书饭银八十两。每年应缴刷票公用银十九两三钱。每年制造腰牌工料银一百五十七两六钱八分。每年参局办事宜贴写人等，每年自开印日起，至票放完竣日止，又寒露节后，票包到局日起，至封印止，每员每名日给饭食银五分，步兵、拜唐阿、县役等，每名日给饭食银三分。每年搭放东边卡伦官兵盐菜银七千三百二十一两，围场卡伦官兵盐菜银三千零九十六两，围场□年六次密查官兵盐菜银一百四十四两，周查围场官兵盐菜银一百两，稽查鹿窖官兵盐菜银二百两，统巡官兵盐菜银八十两，津贴番役路费银二百四十两，仓禁人犯口米银一百两，统共约收船规银六七八万两不等内，额用津贴参票银四万四千三百七十二两零一分，盐菜等银一万二千零二两，二共应需银五万六千三百余两，下剩银两统归部库，作为闲款。

一嘉庆五年三月三十日，奉上谕，傅森等所奏，查海口漏规一折，此事岂可形诸奏牍，令朕知之？各省漏规，一经查出，即应禁革，并将私受官员查明办理，岂有知系漏规，复令得受之理。今既据傅森等陈明，朕不将从前收受漏规之员分别惩办，已属格外恩施，仍着交令妥为查办，自应一律严禁，不准私受为是。倘因商船到口，查验给票，该处吏役不无需索之处，亦只应自行酌留，以充办公之用。如有多索私肥囊橐者，即当严办示惩，钦此。当经会商，定立章程，嗣遇有商船装载出口者，即每船一只，遵照奏准之例，征收银二十两。

一嘉庆十二年六月奉旨，户部奏议覆盛京办理参务章程一折。盛京办理参票，原应责成旗民地方官招募刨夫，实力散放，按成交官，乃近年来办理不善，既派烧锅领办，复将海口船规银两抵办参票，因循迁就，已非一日，历任将军并未奏明请旨，即富俊到任后，亦未查明，据实奏闻，辄行通融办理，均有应得之咎，着交部一并议处。现在船规银两业已归公，部臣自已不能议准将此项抵办参票，但据富俊奏称，近年刨采路远，工价较贵，除殷实局商保领各票外，其未领之票，全仗船规帮贴，方无亏额。若责令商民追缴，恐不免藉口苦累，且已行之七年，骤难更换等语，所奏亦系实在情形。即此时驳令另行调剂，仍不过晓晓渎请，别无善策，姑念相沿陋例，着加恩准其将船规银两抵办参票，以示体恤商民至意。惟海口船规，究系归公之款，此时以之抵办参票，亦当酌定限制，以杜冒混。着即将本年支用帮贴银数作为定额，实用实销，报部稽核，此后若再托言亏缺，奏请增添，即着户部严参，必当重治其罪，余依议，钦此。

一嘉庆十六年，准户部咨开历年盛京参票放不足额，以海口船规银两抵办，前奉谕旨，着以十二年帮贴银数作为定额，实用实销，不得再请加增。嗣因十二年所用银数较多，节次行查。兹据咨覆，津贴银两全以烧锅准曲之多寡为率，是年比十一年虽多用银二千余两，较之六七八等年，并不见多，十三年所用银数，亦与十二年相同，以后虽有实用实销，遇烧锅丰盛之年，即可节省帮贴银两。如遇递少之年，亦不准定额之外又议津贴等语，自系核实办理，但未便据咨核准，仍令该将军自行奏明办理。再向来烧锅所领票张及船规津贴银两，皆系该揽头等一手经理，该将军节次所奏烧锅领票自觅刨夫，其余剩票张责成旗民地方官招募散放之处，与现在办理情形不符，且前次所送册内，刨夫一名有领票自五六张至八九张之多，与一票一人携带炊爨人四名之案亦属不符，应令一并奏明办理等因，行知前来。奴才等覆查盛京行放参票，从前原系责成旗民地方官招募刨夫实力散放，后因山场日远，需费繁多，刨夫无利可图，遂至领票乏人，行放不能足额，殊与参课有碍，不得不责令殷实烧锅铺商作保承领，以期设法散放票张。该烧锅等均因座铺生理不能各处招募刨夫，遂将承领参票交与包门人等代觅刨夫，每年包门人等每家承领烧锅参票数张至数十张不等，揽头得参票，即各带刨夫出边采挖。是以每人名下有领票五六张至八九张不等，动用船规银两至有领银五六百两之多。核办票张，除将现在烧锅淮曲应领外，所余剩票若干，再行核给帮贴银数，总以一票一人，缴销一切用项，其所带炊爨人数仍按一票四名发给腰牌，以为边卡查验之据。再每年动用船规银两总视烧锅淮曲之多寡。嘉庆六年至八年，用银自五万余两至五万二千三百余两不等。减票之后，九年至十一年，用银自四万余两至四万二千余两不等，每年帮贴银两总以剩票之多寡为率。前奉谕旨，以十二年支用银数作为定额，奴才等检查底册，实系按是年实剩票张，共需用津贴银四万四千三百七十二两零一分，委无虚捏情弊，应请即以此数为每年津贴定额等因，具奏，奉到朱批，户部议奏，钦此。嗣后，经户部议覆，臣等查该处每年行放参票一千七百五十二张，既据该将军等奏明，先尽烧锅等承领之外，余剩票若干，每张津贴银七十五两，每年动用船规银总以剩票之多寡为率，自系该处实在情形，应如该将军所奏，即以嘉庆十二年分津贴银两四万四千三百七十二两一分之数作为定额，仍令该将军按照前咨。嗣后遇烧锅淮曲丰盛之年，应将帮贴银两节省。如遇递少之年，亦不准于定额之外，再议津贴。该将军即将十二年起至十六年止，每年烧锅等应领参票若干、余剩票张若干、动用船规银两若干，汇造清册，送部核销，并令嗣后将每年各海口征收船规银两并各城开设烧锅座数及淮曲数目，先行造册送部，以凭稽核。至奏称烧锅领票不能自觅刨夫，将承领票张交与各揽头觅夫采挖，每名下领票自五六张至八九张不等，其帮贴银数实仍一人一票核销之处，核与参务章程亦属相符，毋庸另议等因，遵办在案。

一道光二十七年，大学士管理户部事务臣潘世恩等遵旨会议具奏，内开道光二十六年十一月十八日由内阁批出盛京将军奕湘等奏，变通参课章程一折，奉朱批，该部会同内务府议奏，钦此钦遵。臣等伏查该将军原奏，内开盛京地方每年共放参票一千七百五十二张，每票收参五分，共收参八百七十六两，今拟减半，撤票八百七十六张内，除船规津贴票五百九十一张外，尚有应减之票二百八十五张，毋庸烧锅领办，应否令其按票补缴税课，查明具奏办理。溯查奉省烧锅向无缴纳税课例案，从前共有烧锅四百余座，除船规津贴票张外，每座烧锅保领参票二张有零，尚觉易于从事。迄今十数年来，烧锅减至一百五十余座，其津贴票张原系另觅刨夫采办，因烧锅领票苦累，将津贴之票统归烧锅承办，其津贴银两亦归烧锅均匀分领，藉抒商力。今将津贴票张全行减去，是各烧锅遽无津贴银两，无项接济办理，已行竭蹙，若再将减去之票二百八十五张责令烧锅补纳税课，势必力难支持。请将现拟覆减一半之票内，除船规津贴之票五百九十一张，下余额票二百八十五张，免其缴纳税课，以示体恤等因。内务府查户部则例，内载盛京每年应放参票，除烧锅人等保领之票，毋庸津贴外，其余放不足额之票，另觅刨夫采办，每票一张，帮贴银七十五两。盛京等处由烧锅人等保领之票，向无帮贴银两，臣等前议覆减参斤，拟请将少放之票毋庸烧锅人等领办，应否令其按票补纳税课之处，交将军等查明具奏办理。今经该将军等查明，覆减参票二百八十五张，既难责令烧锅人等补纳税课，自应另行筹办，臣等公同酌议所有。盛京每年额放参票一千七百五十二张，内除津贴票五百九十一张毋庸采办外，其余额票一千一百六十一张，仍请饬下该将军等照旧采办参斤，以归覆实。又查该将军原奏内称，每年共放参票一千七百五十二张，应交贡参九十六两，官参七百八十两，今拟减半放票八百七十六张。按票覆计，应交贡参四十八两，官参三百九十两，应否照旧按票覆计分晰征解之处，应请由内务府覆议，咨覆遵办等因。内务府查臣等前请拟减参斤原因，近年解到官参枝身瘦弱，成色不足，发之各省，不能得价，是以覈减参斤，留待培养。且盛京每年额交参八百七十六两，以参七成、泡丁三成为准，内应交贡参九十六两、官参五百十七两二分、渣泡二百六十二两二分。今将津贴票五百九十一张全行裁减，下余参票一千一百九十一张，仅止交参五百八十两五钱。因思产参之山不能因覈减而少产参枝，且刨夫入山，更可拣好参而如数采取，若仍以人参七成、泡丁三成为准，诚恐该刨夫等隐优交劣。臣等悉心商确，拟请嗣后盛京应交参五百八十两五钱内，改以人参八成、泡丁二成为准。其人参八成内仍令拣选贡参九十六两、官参三百六十八两四钱、二成渣泡一百六十两一钱。如此酌改成数，庶免刨夫人等隐匿情弊，并请饬下该将军等务当严饬刨夫采取肥壮、充足、上等山参，勿以秧参、籽参充数。其瘦弱小参泡暂免刨挖，俟数年后，自必肥壮充足，更觉易于办理。倘解到官参不及成数，臣等查照向例，将承办人员议处，并将拣出不及成数之参，仍令原解官赍回。按照例价，勒限如数追缴户部。查参务章程前于嘉庆十二年奏准，不足额之参票五百九十一张，另觅刨夫采办，每名帮贴银七十五两，共用银四万四千三百七十二两，于船规项下动支。今既将前项票张停止，自母①庸再行津贴，所有船规银两应令于每年请领俸饷案内悉数列抵，以裕饷需。至该处参局办公经费，向系动用参折银两，官参六两抽公用参一两，折银十两。惟现在参票既议减放，则官参比前较少，应照交参五百八十两五钱覈算，此后抽公用参九十六两零，计得折价银九百六十余两。参局用项更应力加撙节，方不致有不敷。应由该将军详查各款，逐一厘剔，除刷票工价、制牌工料、送参车脚等项，均应按票酌减开销外，其余有可节省之款，即行覈定银数，报

---

① 应为毋。

部存案。所有参局积欠银六千余两，仍准循照旧章，将余参税银缴盛京户部银库，归完原款，并将每年收税若干，报部查覈。再所称该商等影射关闭，希图规避参票，查出照影射税课例，加倍折罚一节，查该处烧锅本未定有税则，所请加倍折罚之处，从何加算。且烧锅人等承领参票，系只保雇刨夫入山采办，究竟因何负累致有影射关闭情事，原奏并未明晰声叙，应仍由该将军将该处实在情形详加查察，据实声覆，再行覆议。至现议裁减票五百九十一张，计每年各城应仍放票一千一百六十一张，并令该将军等查明各参山处所，按照现定票数，均匀分派，造册报部，以凭填注地方山名，按年给发等因，议奏。奉旨依议。钦此。咨行遵办。咸丰二年，奉文停止采办。

一咸丰十年，钦差户部侍郎刘昆会同盛京户部侍郎倭仁奏准，奉天海口商船每只原征银十七两，改征银三十四两；未逾式船每只原征银八两五钱，改征银十七两。并照依咸丰八年各海口共征收船规银九万零九百一十六两，作为定额。此外再加一倍，作为盈余，如有亏短，着落经征地方官赔补。仍将各海口征收船规银两数目总册咨送都京户部，每年约征银十五万余两。

一光绪二年，太子少保署盛京将军吏部大堂崇严饬各海口地方官遵将各该海口小船装载粮石计粮凑挂。每五百石凑报大挂船一只，征收船规银二十四两。所征银两归并商船一体报解。

一官参局每年办理一切事件，应需办公银八百六十二两，向由牛庄、岫岩等处海口征收船规银内提解动用，年终造册报部核销。

一每年内外各城共应放额票一千一百六十一张。于咸丰三年奉旨，参勖停采，奏奉部议准，每票一张改征银九十两，一年征收银十万零四千四百九十两，解部抵充兵饷，俟军务告竣，再行随时奏请开采。

一参觔停采，按票改征银两，定限本年内征解全完者，照依放票章程，给与议叙，若迟至次年三月初一日以前完交者，免其议叙议处。其逾限不能完解者，即按经征银数作为十分，核计分别议处。

盛京典制备考卷六

盛京典制备考卷六目录

户部公署在德盛门内街东，额设侍郎一员，郎中三员驻防满洲一缺，员外郎六员驻防满洲一缺，主事六员驻防满洲一缺，管银库正关防郎中一员，副关防员外郎一员，司库二员，库使八员驻防满洲缺，管庄六品官二员驻防满洲缺，管喇嘛丁银委六品官一员驻防满洲缺，笔帖式二十三员内汉军二缺，其余满洲缺，外郎九员驻防汉军六缺，本部旗人三缺，官庄治事厅在户部公署街西，内仓、通济仓、太平仓、新仓俱在街西，金银库在城中南正街，草场在东北隅边门内，将军同户部侍郎管理金银库收放银钱事宜，开列于后。

每年应收银两数目：

一杂税银一万五千余两；

一房税银二千六百余两；

一煤税银一千一百余两；

一当税银二千六百余两；

一伍田升科试垦地租银三万余两；

一牛马税银二千四百余两；

一木税银二千余两；

一余地租银九千余两；

一入官地租银七百余两；

一庄头等粮折价并地亩折银三千余两；

一官参局余剩参票公用银一千余两；

一山海关应交宁古塔通判等养廉银三百六十余两；

一各州县厅余地租银三万余两；

一各州县厅地丁银二万余两；

一杂税大制钱四千余串；

一余地租大制钱一千余串。

以上各款统共约收银十万零九千七百六十余两，大制钱五千余串。

又船规市平银二万七千余两。

每年应放银两数目：

一内外城官兵并三陵、五部、内务府官役等春秋二季俸饷银五十四万余两；

一宗室、觉罗官员等俸饷银二万五千余两；

一宗室、觉罗并内外城官兵等红白事，赏银七万余两；

一兵部各驿喂马草豆并车价银二万余两；

一四塔喇嘛养赡粮石、布折并实胜寺等七寺香灯果品等五千余两；

一三陵祭祀采买果品等物银一千余两；

一内务府送西勒图达喇嘛银并礼部拉运贡包车价等银二千余两；

一各部公费工食、养廉、心红纸张、米秤折银二万余两；

一各围资装并配造火药等银一万余两；

一办理秋审公用并煤炭赭衣并恤赏银五千余两；

一各部牛只并八旗步兵皮袄价，并装狍鹿车价等银四千余两；

以上各款统共约放银七十万零二千余两。官庄每年征收庄头粮石、绵花、银两、盐斤、年例，由京户部奏请钦派大臣监收。派将军监收次数较多，将应收数目列后。

户部管庄额设庄头一百二十六名。头等庄头十二名，每名报粮三百八十二石；二等庄头二十名，每名报粮三百五十二石；三等庄头三十七名，每名报粮三百零七石；四等庄头四十九名，每名报粮一百九十二石。共报粮庄头一百十七名，共报粮三万二千三百九十一石内，除官地冲压缺额免交粮三千三百九十九石，除折交运通豆四千八百八十五石二斗，除应交人夫杂项折银粮一万零一百三十七石八斗，每石折银二钱二分，共折银二千二百三十两零。除应交仓，盈余种四千石每仓石折银二钱二分，共折银八百八十两，共应入库银三千一百一十一两零。除开除粮石外，尚应交仓粮九千九百六十九石。此内存留官庄处粮一千七百石，以备折给供应三陵祭祀需用鸡鹅鸭蛋、苘麻、紫花子瓤、笤帚、刷帚，以及青草、羊草之用，存留内仓，以备发给苏麦油斤、烧酒、豆石各项匠役口粮等项之用粮三千三百石内，有东路庄头兑交兴京仓秫米二百十四石，奏准免交秫米一百六十石，折粮三百一十石，黑豆折粮六百石，共应折销粮九百二十石，毋庸存留外，应实存留内仓备用粮二千三百八十石。

以上共应实存备用粮四千零八十石，尚应交仓粮五千八百八十九石。

头等报绵花庄头五名，每名报绵花七百斤，每年应入库绵花三千五百斤。

头等报盐庄头三名，每名报盐一万六千斤。共应报盐四万八千斤。

又盐丁五百名，奏准每丁交盐四十斤，应交共盐二万斤以上，共盐六万八千斤，此内每年动用盐一千七百七十一斤，以备熬白盐供应三陵、长白山、松花江祭祀之用。

所有庄头领种官地二十八万九千余亩内，开除水冲沙压不堪耕种地二万四千八百余亩销出外，实剩额征草豆米石官地二十六万五千一百余亩，每年折征银四百二十五两零。

礼部公署在户部南，额设侍郎一员，郎中二员驻防满洲一缺，员外郎四员驻防满洲二缺，主事一员驻防满洲缺，读祝官八员驻防满洲缺，赞礼郎十六员驻防满洲缺，管人丁六品官一员本部旗人拣选，管人丁七品官一员本部旗人拣选，管学助教四员驻防满、蒙、汉考取，笔帖式十员驻防满洲缺，外郎二员本部旗人缺，库使八员驻防满洲缺，果房梨房冰窖俱在署内，朝鲜使馆在德盛门内街东，僧录司在白衣巷，今在永宁寺，道录司在城隍庙内，北塔法轮寺设正、副达喇嘛各一员，各支养赡银一百六十六两六钱零，设得木奇二名，格思贵二名，教习三名，班第二十名，南塔广慈寺，东塔永光寺，西塔延寿寺以上三寺各设达喇嘛一员，各支养赡银一百一十六两零，各设得木奇一名，格思贵一名，班第十七名，实胜寺设掌印达喇嘛一员，支养赡银与法轮寺同，设得木奇二名，格思贵一名，班第六十一名，长宁寺设达喇嘛一员，支养赡银与法轮寺同，设得木奇二名，格思贵一名，班第二十五名，吗哈噶拉庙设达喇嘛二员，各支养赡银八十一两零，设得木奇一名，格思贵一名，班第五名。

以上各寺凡达喇嘛，每员支领黄云缎三匹、绵绸三十三尺。凡得木奇，每名支领养赡银十两四钱八分。凡格思贵、教习，每名支领养赡银八两七钱八分。凡班第，每名支领养赡银七两七钱四分。除银两外，每名支领河南布一丈五尺，加扣布五匹半。

兵部公署在天佑门内街西，额设侍郎一员，郎中二员驻防满洲一缺，员外郎四员驻防满洲二缺，主事四员驻防满洲缺，笔帖式十二员驻防满洲缺，外郎四员驻防汉军二缺，本旗驿丁二缺。

驿站监督公署在德盛门外街西，正、副监督各一员，由各部司员圈派，三年更换。驿丞二十九员，所管驿站、地名、里数列后。

奉天西至山海关站道，第一站由省城六十里至老边站，四十里至巨流河站，七十里至白旗堡站，五十里至二道井站，五十里至小黑山站，七十里至广宁站，八十里至十三山站，五十四里至小凌河站，五十四里至高桥站，六十二里至宁远站，六十二里至东关站，六十三里至凉水河站，七十五里至山海关站。奉天东至兴京站道，七十里至噶布拉村站，七十里至萨尔浒站，八十里至穆奇站，四十里至兴京。奉天南至朝鲜站道，六十里至十里河站，七十里至东京驿站，七十里至浪子山站，五十里至甜水站站，四十里至连山关站，五十里至通远堡站，六十里至雪里站站，四十里至凤凰城站，过此为朝鲜界。

奉天东北至吉林站道，七十里至懿路站，七十里至高丽屯站，七十五里至开原站。奉天北至法库边门站道，自巨流河分界，七十里至严千户屯站，六十里至法库站，过此即蒙古界。

驿站新章：光绪二年奏定各厅州县所属境内驿丞、驿丁仍由兵部遴派，正、副监督管理，并归地方官兼辖，遇有过往马递限行文报饬，令各驿设立号簿，将收发时刻、日行程限分晰登记，验无稽延、拆损等弊，即行出具印收，交原驿丁带回备查。按十日一次分报该管厅州县暨监督衙门，再由各厅州县按季汇报驿巡道查核，并由各厅州县设立铺司，接递日行铺递公文。

刑部公署在兵部北，额设侍郎一员，郎中四员驻防满洲一缺，员外郎六员驻防满洲一缺，主事六员驻防满缺一，汉缺一，京缺四，蒙古主事二员，司库一员，库使二员驻防满洲缺，司狱二员驻防满洲一缺，佐杂汉官一缺，笔帖式三十一员驻防满洲二十四缺，汉军五缺，蒙古二缺，外郎二员驻防汉军缺，刑部狱在天佑门内西南隅。

工部公署在礼部南，额设侍郎一员，郎中二员驻防满洲一缺，员外郎四员驻防满洲一缺，主事四员驻防满洲一缺，管千丁四品官一员世袭，大政殿六品官一员驻防满洲、汉军公缺，黄瓦厂五品官一员世袭，司匠役六品官一员本部旗人拣选，司库二员，库使八员驻防满洲缺，笔帖式十七员驻防汉军一缺，外郎九员驻防汉军四缺，本部旗人五缺，颜料麻铁库在署内，火药局在城东南关水棚南，黄瓦厂在海城县东析木城。

盛京典制备考卷七

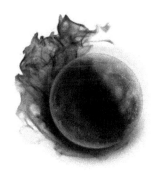

盛京典制备考卷七目录

额设驻扎镇守

额设驻扎镇守

盛京将军一员，副都统一员，额设协领满洲八旗各一员，额设蒙古八旗一员，后设帮办协领一员，分左右翼，额设汉军八旗二员，后设帮办协领二员，分左右翼各管二旗，额设满洲佐领三十一员惟正蓝旗短一缺、八旗蒙古佐领八员、三旗巴尔虎佐领三员后奏准归并蒙古一体拣选、八旗汉军佐领二十四员，满洲蒙古巴尔虎汉军每佐领下各设骁骑校一员、三两领催六名、二两领催二名、马兵七十二名、步领催二名、步兵十六名、满洲八旗防御十员，其内正黄、正白二旗多一专管，步兵堆拨四十八处，查管街道，缉捕贼匪。

盛京省城驻防额设：共领催五百二十八名，其内委官五十七缺，前锋二百四十名，其内蓝翎长十六缺，共马兵四千一百五十二名，鸟枪三千杆，铁甲三千副，抬枪一百八十杆，绵甲一千四百八十一副，库储炮一百位，长矛二百杆，共步领催一百三十二名，步兵一千一百八十八名。额设铁匠六十六名、箭匠六十一名、夜捕手二十八名，养育鳏寡孤独男妇三百六十二缺。满洲城门校八名，库军校二十名。额设管堂主事一员、笔帖式十一员、外郎六员。将军、副都统每年春秋阅看官兵操演骑射及寻常拣放缺分在砖城外边墙里西北隅教军场，春秋阅看官兵操演连环阵式、抬枪、长矛在城东二十里木厂教军场。历次圣驾巡幸，如有阅阵之旨，在城东南浑河南大甸子地方预备。

将军属各城额设各旗驻防

兴京、开原、铁岭、抚顺、辽阳、凤凰、岫岩、盖州、广宁、锦州、宁远州、义州、牛庄、海城、熊岳、金州、复州、旅顺水师。

兴京城在省城东，距省二百五十里，本朝发祥根本之地。其城周围五里，群山拱护，河水环萦，土筑城壕，南北东三门。城东北建显佑宫、地藏寺，设僧道主持，岁给衣布。列圣巡幸，必至拈香城西北十三里永陵，西夏围地方建立行宫，以备巡幸驻跸。将军统领额设城守尉一员，改为满洲协领，满洲防御四员添设满洲防御一员，蒙古防御一员，汉军防御二员，骁骑校四员添设满洲骁骑校二员，蒙古骁骑校一员，汉军骁骑校一员，领催六十四名内委官五缺，马兵四百名，铁甲一百八十八副，鸟枪一百杆，棉甲一百五十五副，铁匠八名添设领催马兵五百三十名内，拨归抚顺七十名，养育鳏寡孤独四名。

旗仓米地九千五百四十日，每年额征米二百五十三石零。草豆地六万七千三百七十余日，每年额征豆一千一百九十石，额征草每日地一束。由盛京户部派员主管征收，以备永陵犠牲食用。

旗界升科地五千三百二十亩，每年额征银一百六十两零，余租地六千余亩，每年额征银二百八十七两零。

市卖牲畜杂税银，每年征银四十七两零额设满洲笔帖式一员，添设汉军笔帖式一员，均归副都统衙门。奉天府尹属兴京厅驻新兵堡。

开原城在省城北，距省一百八十里，明季辽海卫旧城修筑砖砌，周围十三里二十步，门四。将军属额设城守尉一员宗室缺由京放，除城守尉之外，余官俱由驻防选，各城一律，佐领二员，防御七员，骁骑校九员，领催六十八名内委官七缺，鸟枪三百杆，铁匠十名，铁甲三百三十八副，养育鳏寡孤独四名，棉甲二百五十副，马兵七百八十二名。旗仓米地九万三千三百日，每年额征米三千四百七十七石零，由驻防笔帖式、外郎内设仓官一员，四年更换；仓外郎一员，五年更换、同城守尉主管征收。凡有旗仓处皆一律。

开原并铁岭征租余地十万零四千八百余亩，每年额征制钱五千二百四十一串，额征银地二千四百六十余亩，每年征银一百二十三两零。升科地八万二千六百余亩，每年额征银二千四百八十两零，额设笔帖式一员，随城守尉主管征收市卖牲畜杂税银，每年征收一百八十四两。奉天府尹属开原县与旗驻防同城。

铁岭城在省北，距省一百三十里，明季铁岭卫，即古银州城，周围四里二百六十步，门四。将军属额设满洲防御一员，汉军防御三员，领催十六名内委官五缺，马兵一百八十四名，铁甲五十五副，鸟枪三十杆，棉甲三十五副，奉天府尹属铁岭县与旗驻防同城。

抚顺城在省城东，距省一百八十里，城周围二里，城门三。将军属额设满洲防御一员，汉军防御三员，领催十六名内委官二缺，马兵一百一十四名，铁甲三十七副，鸟枪三十杆，棉甲三十三副，铁匠二名添设马兵七十名，由兴京新添数内抽拨，养育鳏寡孤独二名。

辽阳城在省南，距省一百二十里，明季辽东都司城，今修筑墙高三丈三尺，周围二十四里二百八十五步，门六。将军属额设城守尉一员宗室缺，巴尔虎佐领一员，满洲防御七员，骁骑校八员，领催五十四名内委官二缺，马兵三百八十六名，铁甲一百七十八副，鸟枪一百杆，棉甲一百零八副，铁匠九名，养育鳏寡孤独四名。旗仓米地九万五千零二十余日，每年额征米二千五百二十二石零。额设仓官一员、仓外郎一员同城守尉主管征收。升科地五万四千五百余亩，每年额征银一千六百三十五两零。征租余地十万零七千余亩，每年额征制钱六千三百六十九串零。市卖牲畜杂税，每年征收银二百五十九两零，制钱八十九串零。额设笔帖式一员，随同城守尉主管征收。奉天府尹属辽阳州与旗驻防同城。

凤凰城 在省东，距省五百一十里，城周围三里八十步，门二。将军属额设城守尉一员_{宗室缺}，巴尔虎佐领一员，满洲防御七员，骁骑校九员，领催六十二名内委官五缺，马兵五百六十八名，铁甲二百五十一副，鸟枪一百杆，棉甲一百七十副，铁匠九名，养育鳏寡孤独四名。旗仓米地四万五千五百六十余日，每年额征米一千二百九石零。设仓外郎一员，同城守尉主管征收。升科地六万七千三十亩零，每年额征银二千零十五两。征租余地九万二千二百余亩，每年额征制钱四千六百十四串零。市卖牲畜杂税，每年征收银十三两零，制钱十三串。设笔帖式一员，同城守尉主管征收。奉天府尹属新设凤凰直隶厅与旗驻防同城。

岫岩城 在省城南，距省四百二十里，城周围四百五十余丈，门二。将军属额设城守尉一员_{宗室缺}，巴尔虎佐领一员，满洲防御八员，骁骑校九员，领催五十四名内委官二缺，铁匠九名，马兵四百八十六名，养育鳏寡孤独四名。大小炮位九尊，铁甲二百一十六副，鸟枪二百杆，棉甲一百四十五副。旗仓米地六万二千八百日零，每年额征米一千六百六十七石零。设仓外郎一员，随同城守尉主管征收。升科地二万四千四百五十余亩，每年额征银七百三十三两零。征租余地七万一千三百八十余亩，每年额征制钱三千五百六十七串零。山茧税，每年额征小数钱二千四百八十余串。市卖牲畜杂税，每年征收银二百二十八两，制钱十一串。设笔帖式一员，随同城守尉主管征收。奉天府尹属岫岩厅与旗驻防同城。

广宁城 在省城西，距省三百五十里，明季广宁路，因旧址修筑，周围十里二百八十步，门五。城西有医巫闾山，舜封镇幽州，建北镇庙，岁时祀享，历代因之。本朝仍旧制。朝廷有大典，遣官祭告。近庙设行宫一所，以备巡幸驻跸。将军属额设四品防守尉一员，改为城守尉_{宗室缺}，满洲佐领三员，满洲防御一员，蒙古防御一员，汉军防御一员，满洲骁骑校六员，领催四十八名内委官二缺，马兵三百五十二名，铁甲一百五十八副，鸟枪一百杆，棉甲一百四十六副，铁匠五名，养育鳏寡孤独四名。旗仓米地十七万余日零，每年额征米四千四百三十五石零。额设仓官一员，仓外郎一员，同城守尉主管征收。升科地八万一千六百余亩，每年额征银二千四百五十两零。征租余地二十四万九千二百余亩，每年额征制钱一万四千九百九十三串零。市卖牲畜杂税，每年征收银二百九十两零，钱八十一串零。河口设鱼船，每年收税银七十五两。设笔帖式一员，随同城守尉主管征收。西锦州府属广宁县与旗驻防同城。

盛京至山海关八百余里，旗驻防额设八路官兵驻扎，广宁城守尉主管为东四路：第一路巨流河崇德元年建，城周围二里，门三，第二路白旗堡建营房，第三路小黑山建营房，第四路闾阳驿建营房。每路各额设满洲佐领一员，汉军佐领一员，汉军骁骑校二员。每路各设领催十六名内委官五缺，马甲一百四十八名。每路鸟枪三十杆，铁匠二名，铁甲五十五副，养育鳏寡孤独四名，棉甲三十五副。

锦州城在省城西，距省四百九十里，明季旧城修筑，周围五百一十二步，门四，东曰宁远，西曰广顺，南曰永安，北曰镇北。将军统领额设副都统一员辖锦、义二城八边四路，设印务笔帖式二员，满洲协领一员驻防缺，佐领十二员，骁骑校十二员，领催一百零四名内委官五缺，马兵六百七十六名，鸟枪五百杆，铁甲三百一十副，抬枪二十杆，棉甲二百二十七副，大小炮位二十一尊，神机神枢炮十二尊，步兵一百七十四名，铁匠十三名，养育鳏寡孤独四名。旗仓米地十六万六千一百余日，每年额征米四千四百十石零。设仓官一员、仓外郎一员，同协领主管征收。升科地一万二千三百余亩，每年额征银三百六十九两零。征租余地八万六千一百七十余亩，每年征收制钱六千零十八串。试垦地六万四千五百三十余亩，每年额征银二千八百两零。市卖牲畜杂税银，每年征收银一千九百六十七两，制钱三百四十七串零。海口渔船每年征税银二百七十六两，协领主管征收。奉天府尹属锦州府与旗驻防同城。

闾阳驿路以西四路，锦州副都统属协领所管：第一路小凌河建营房，第二路宁远城与知州同城，临海口，设炮六位，第三路中后所建城周围三里一百七十步，门四，第四路中前所建城周围三里八步，门三。每路各设满洲佐领一员，汉军佐领一员，汉军骁骑校二员。每路各设领催十六名内委官各五缺，马兵一百八十四名，每路鸟枪三十杆，铁匠二名，铁甲五十五副，养育鳏寡孤独四名，棉甲四十四副。

宁远州城，明季宁远卫修筑，周围五里一百九十步，门四。锦州协领属宁远路，旗仓米地七万九千三百日零，每年额征米二千一百石零，设仓官一员，仓外郎一员，同路记佐领主管征收。设税务笔帖式一员，同路记佐领征收。市卖牲畜杂税银归锦州协领交库。锦州府属宁远州与旗驻防同城。

义州城在广宁西北九十里，国初，地属外藩，康熙十四年，以其地内属，因明季义州卫旧城修筑，周围九里十步，门四。将军统领锦州副都统属，额设城守尉一员内务府缺，满洲佐领八员，内务府佐领七员，满洲骁骑校七员，内务府骁骑校八员，领催一百一十七名内委官二缺，马兵七百四十三名，铁甲三百八十三副，鸟枪一百八十二杆，棉甲二百九十七副，步兵二百一十四名，铁匠十八名，养育鳏寡孤独四名。旗仓米地十一万二千七十日零，每年征米三千石零。设仓官一员，仓外郎一员，同城守尉主管征收。升科地四千三百六十亩，每年额征银一百三十余两。征租余地十三万零九百余亩，每年征制钱九千一百六十余串。市卖牲畜杂税银，每年征收银八百九十二两零，制钱六百零四串零。设笔帖式一员，随同城守尉主管征收。锦州府属义州与旗驻防同城。

牛庄城在省城南，距省城二百四十里，天命八年建城，周围二里九十三步，门三。将军属额设满洲防守尉一员驻防缺，满洲防御三员，汉军防御一员，满洲骁骑校四员，领催四十名内委官四缺，马兵三百三十名，鸟枪一百杆，铁甲被焚，炮六位，棉甲九十九副，铁匠二名，养育鳏寡孤独四名。旗仓米地十万零八百八十余日，每年额征米二千六百七十八石零。设仓官一员、仓外郎一员，同防守尉主管征收。又由辽阳、牛庄、盖州、熊岳拨地九万四千九百三十余日，先征豆，后改征米二千五百二十石零。盛京户部派员征收存储牛庄仓，按年押运通州交卸。升科地五万七千五百余亩，每年额征银一千七百二十六两零。牛庄、海城征租余地十五万三千四百亩，每年额征制钱九千二百余串。额征山茧税小数钱五千七百余串。市卖牲畜杂税，每年征收银三百八十九两零，制钱六十九串零。海口渔船网亮，每年额征收银九十一两零。设笔帖式一员，随同守尉主管征收。

海城县在牛庄东四十里，与旗驻防不同城，明季海州卫城，天命八年修筑，周围五里一百五十二步，门四。

盖州城在省城西南，距省三百六十里。明季盖州卫城修筑，周围七里零三步，门三。将军统领金州副都统属，额设城守尉一员宗室缺，满洲防御六员，满洲骁骑校五员，汉军骁骑校一员，领催五十二名内委官二缺，马兵四百四十八名，铁甲一百五十二副，鸟枪一百杆，棉甲九十六副，大小炮九位，神机神枢炮十一位，铁匠二名，养育鳏寡孤独四名。旗仓米地七万四千九百余日，每年额征米一千九百九十九石零。设仓官一员，同城守尉主管征收。升科地六千七百亩，每年额征银二百两零。征租余地二万二千八百亩，每年额征制钱一千一百串。海口渔船网亮每年额征银二百七十两。山茧税小数钱一万六千一百余串。市卖牲畜杂税，每年征收银二百七十七两零，制钱一百五十五串零。设笔帖式一员，同城守尉主管征收。奉天府尹属盖平县与旗驻防同城。

熊岳城在盖州城南六十里，辽季庐州后改置熊岳县，因旧址修筑，周围三里九十九步，南北二门。本朝设副都统驻扎。道光二十三年，将副都统改驻金州，此城改设防守尉一员驻防满洲缺，巴尔虎佐领一员，满洲防御四员，满洲骁骑校五员，巴尔虎骁骑校一员，领催五十一名内委官三缺，马兵六百四十一名，鸟枪三百杆，铁甲五十五副，大小炮六位，棉甲二百四十二副，养育鳏寡孤独四名，铁匠九名。旗仓米地五万七千三百二十余日，每年额征米一千五百二十余石。设仓官一员，同防守尉主管征收。升科地一千四百余亩，每年额征银四十二两零。征租余地五万六千七百五十二亩，每年额征制钱三千九百七十三串零。海口渔船税，每年额征银一百四十三两。山茧税每年额征小数钱一万二千八百余千。市卖牲畜杂税，每年征收银二百零七两，制钱二十四串零。设笔帖式一员，同防守尉主管征收。

金州城在省城西南，距省七百二十里，明季金州卫土城，因旧址修筑，周围五里二百一十六步，门四。先设城守尉，并设宁海县。道光二十三年，将熊岳副都统改驻金州，将宁海县改作金州厅。额设副都统一员辖水师营、复州、盖平、熊岳，设印务笔帖式一员，满洲协领一员，巴尔虎佐领一员，汉军佐领三员，满洲防御七员，满洲骁骑校八员，蒙古骁骑校一员，汉军骁骑校三员，领催九十七名内委官二缺，马兵九百零三名，铁甲二百四十七副，鸟枪四百杆，棉甲一百七十八副，抬枪四十杆，大小炮三十七位，神机神枢炮二十四位，铁匠九名，养育鳏寡孤独四名。旗仓米地七万零九百二十余日，每年额征米一千八百八十二石零。设仓官一员，同协领主管征收。升科地三千零八十余亩，每年额征银九十二两零。征租余地七万三千五百余亩，每年额征制钱五千一百四十七串零。海口渔船额税银一百七十六两零。市卖牲畜杂税银一百九十七两零，制钱三十五串零。山茧税每年额征小数钱一千五百四十八千零。设笔帖式一员，同协领主管征收。奉天府尹属金州厅与旗驻防同城。

旅顺水师营在金州西南一百二十里，将军统领金州副都统属额设汉军协领一员，随关防印务办事笔帖式一员，佐领二员，防御四员，骁骑校八员，领催六十名内委官一缺，马兵五百四十名，水手一百名，养育鳏寡孤独四名。额设战船十只，代攻炮四十九位，虎尾炮二十位，子母炮六十位，提心炮三百位，火箭八百一十只，喷筒九十个，火罐四百个，战被四十九床，金、鼓各九面，藤牌六十面，牌刀六十把，钩镰枪六十杆，竹杆抢六十杆，鸟枪六百杆，抬枪二十杆。

复州城在省城南，距省五百四十里，明季怀德卫，因旧城修筑，周围四里一百八十步，门三。将军统领金州副都统属额设城守尉一员宗室缺，巴尔虎佐领一员，满洲防御七员，满洲骁骑校七员，蒙古骁骑校一员，领催六十二名内委官二缺，马兵五百一十八名，铁甲二百三十七副，鸟枪二百杆，棉甲一百六十五副，抬枪二十杆，大小炮三十位，神机神枢炮十一位，铁匠九名，养育鳏寡孤独四名。旗仓米地三万五千六百七十余日，每年额征米九百四十七石零。设仓官一员、仓外郎一员，同城守尉主管征收。升科地二千五百三十余亩，每年额征银七十六两零。征租余地五万二千八百余亩，每年额征制钱三千六百九十八串零。海口渔船每年额征税银四十两零。山茧税每年额征小数钱一千四百四十余串。市卖牲畜杂税，每年额征银六十八两零，制钱六十八串零。设笔帖式一员，同城守尉主管征收。奉天府尹属复州与旗驻防同城。

将军兼管东六边

五部侍郎内派一员为管边大臣专铸印信，威远堡、英额、汪清、碱厂、嗳阳、凤凰边，以上六边门俱拴椿挖壕。

每边门文职一员，由五部员外郎、主事赞礼郎内籤掣奏派管理，二年更换。武职章京五员，由驻防防御骁骑校内圈派，三年更换。惟凤凰边门无武职。每边门领催五名，兵四十五名，每边门铁甲二十副。将军统辖西十边门，每边门设防御一员满洲八缺，汉军二缺。开原属法库门，领催四名，兵三十四名，台领催二名，铁甲十六副。广宁属彰武台边，领催四名，兵三十六名，台领催三名，铁甲五十五副。义州属三边，白土厂边领催三名，兵二十七名，台领催一名，铁甲十二副；清河边领催四名，兵三十六名，台领催一名，铁甲十六副；九关台边领催四名，兵三十六名，台领催二名，铁甲十六副。锦州属五边：松岭子边领催四名，兵三十六名，台领催二名，铁甲十六副；白石嘴边领催四名，兵三十六名，台领催一名，铁甲十六副；新台边领催四名，兵三十六名，台领催二名，铁甲十六副；梨树沟边领催三名，兵二十七名，台领催一名，铁甲十二副；明水塘边领催三名，兵二十七名，台领催一名，铁甲十二副。

盛京奉天府职官

盛京将军总督旗民地方军务粮饷，兼管奉天府尹事务。谨案顺治元年，以内大臣一员与副都统二员及八旗驻防章京留守沈阳，三年改驻防大臣为昂邦章京，给镇守总管印。康熙元年，改昂邦章京为镇守辽东等处将军。四年，改为镇守奉天等处将军。光绪元年，加管理兵、刑两部，兼管奉天府府尹事务，兼兵部尚书、督察院右都御史，总督奉天旗民地方军务，兼理粮饷。

奉天府府尹行巡抚事顺治十四年，以沈阳为奉天府，置府尹。十八年，兼理学政。光绪元年，加二品衔，以右副都御史行巡抚事。

府丞提督学政康熙三年，置府丞督理学政。

驿巡道康熙三年，设治中一员。光绪元年，经尚书崇实奏请，加治中奉天驿巡道衔，兼行首道事务。奉旨交军机大臣、六部九卿会议，裁治中一缺，专设驿巡道，兼司其事，其考试事宜，归军粮同知管理。

军粮同知康熙三年，设理事通判。光绪二年，改为同知，兼管考试。

教授顺治十年，设辽阳府学教授。十四年，改为奉天府学教授。

经历顺治十三年，设辽阳府经历。十四年，改为奉天府经历。

司狱康熙七年设。

分巡奉、锦、山海兵备道同治五年设。

营口海防同知同治五年设。

新民厅抚民同知嘉庆十三年设。

巡检兼司狱事嘉庆十三年设。

承德县同知管知县事附郭，康熙三年设。

典史康熙三年设。

辽阳州同知管知州事顺治十年设辽阳府，十四年设奉天府，裁辽阳府，置县。康熙三年改为州。

学正康熙三年设。

吏目康熙三年设。

海城县通判管知县事旧为海州，顺治十年改设县。

训导康熙二十三年设。

典史顺治十三年设。

牛庄巡检康熙二十三年设。

盖平县通判管知县事旧为盖州，康熙三年设。

训导康熙二十一年设。

典史康熙三年设。

复州同知管知州事雍正五年设通判，十二年改为知州。

学正雍正十二年设。

吏目雍正十二年设。

金州厅海防同知雍正十二年设宁海县，道光二十三年改为金州同知。

训导雍正十二年设。

巡检雍正十二年设典史，道光二十三年改为巡检。

开原县理事通判管知县事康熙三年设。

训导康熙二十三年设。

典史康熙三年设。

铁岭县理事通判管知县事康熙三年设。

训导康熙二十三年设。

典史康熙三年设。

锦州府知府康熙三年设，于广宁四年改锦州。

教授康熙三年设，于广宁四年改锦州。

经历康熙三年设，于广宁四年改锦州。

锦县理事通判管知县事附郭，旧为锦州，康熙元年改设县，隶广宁府。四年于县增设锦州府，乃改属马。

天桥厂巡检雍正元年设。

典史康熙元年设。

宁远州理事同知管知州事康熙三年设。

学正康熙二十二年设。

中后所巡检康熙三年设宁远、广宁、中后所三处，各设巡检一员。四年改并，留中后所。

吏目康熙三年设。

广宁县理事通判管知县事康熙三年设广宁府，并设县。四年裁府，以县属锦州内。

训导康熙三年设。

典史康熙三年设。

义州理事同知管知州事雍正十二年设。

学正雍正十二年设。

吏目康熙十二年设。

昌图府知府法库边门外，界连蒙古，嘉庆年间始设通判一员，后改同知。因所辖地方辽阔，光绪三年奏改同知为知府，统辖二县。

教授光绪三年设。

司狱光绪三年设。

经历康家屯分防，光绪三年设。

照磨八面城分防，光绪三年设。

奉化县理事通判管知县事光绪三年设。

训导光绪三年设。

典史光绪三年设。

怀德县理事通判管知县事光绪三年设。

训导光绪三年设。

典史光绪三年设。

分巡东边兵备道驻扎凤凰城，统辖二厅、一州、四县，光绪三年设。

丰盛库大使光绪三年设。

兴京抚民同知乾隆二十八年裁锦州通判，设兴京通判。光绪三年，奏改为同知，领县二。

教谕光绪三年设，兼通化、怀仁两县学。

经历管司狱事光绪三年设。

通化县理事通判管知县事光绪三年设。

巡检管典史事光绪三年设。

柳树河分防县丞光绪三年设。

帽儿山分防巡检光绪三年设。

怀仁县理事通判管知县事光绪三年设。

巡检管典史事光绪三年设。

四平街分防巡检光绪三年设。

通沟口分防巡检光绪三年设。

凤凰直隶同知凤凰边门控制东路，旧设城守尉一员管理旗务，设巡检一员，归岫岩厅兼辖。光绪二年，奏改巡检一缺为孤山口分防巡检，凤凰城增设直隶同知一员，分岫岩厅属洋河以东。凤凰城守尉所管地面悉归统辖，领州一县二。

教谕光绪三年设，兼安东、宽甸两县学。

经历管司狱事光绪三年设。

赛马集分防巡检光绪三年设。

岫岩州理事同知管知州事雍正十三年设熊岳通判。乾隆二十八年，移熊岳通判为岫岩通判。光绪二年，改知州，隶凤凰厅。

训导光绪二年设。

吏目光绪二年设。

大孤山分防巡检光绪二年由凤凰城移设。

安东县理事通判管知县事光绪三年设。

巡检管典史事光绪三年设。

宽甸县理事通判管知县事光绪三年设。

巡检管典史事光绪三年设。

长甸河口分防县丞光绪三年设。

二龙渡分防巡检光绪三年设。

奉天练军弁兵数目

捷胜营马队八百名，统带二员，委营总八员，扎兰十六员，马夫四十名，伙夫九十六名。捷胜营洋枪步队五百名，统带一员，委营总五名，扎兰十员，长夫三十二名，伙夫四十五名。捷胜营炮队一百名，营总一员，扎兰二员，马夫四名，伙夫十二名。捷胜营洋枪马队五十名，哨官一员，哨长一员，马夫三名，伙夫六名。长胜营抬枪刀矛步队二百名，统带一员，委营总二员，扎兰四员，长夫八员，伙夫十八名。督标亲军马队二百名，统带一员，哨官四员，哨长四员，马夫十二名，伙夫二十四名。亲军步队二百名，哨官二员，哨长二员，长夫六员，伙夫十八名。

督标洋枪步队四百名，兼统二员，哨官四员，哨长四员，长夫十二名，伙夫三十六名。

督标德胜营洋枪马队五十名，哨官一员，哨长一员，马夫三名，伙夫六名。

督标德胜营洋炮队五十名，哨官一员，哨长一员，马夫三名，伙夫六名。

督标直字中营马队二百名，统带一员，管带官四员，文案委员一员，字识六名，长夫八名。

督标直字前后两营马队五百名，统带一员，管带官二员，帮带官四员，哨官十员，文案委员二员，字识十二名，长夫二十名。

兴京副都统洋枪步队二百名，营总二员，扎兰四员，马队四十名，营总一员。

凤凰城马队四十名，扎兰一员。

锦州副都统洋枪步队二百名，统带一员，营总一员，扎兰四员。西四路马队八十名，营总一员，扎兰三员。东四路马队四十名，营总一员，扎兰二员。

金州副都统洋枪步队二百名，翼长一员，营总二员，扎兰四员。马队八十名，营总一员，扎兰二员。

山海关道全营翼长督练洋枪炮队五百名，总理营务处营总一员，委营总二员，分带官十员。

东边道全营翼长靖边营道标马队二百名，管带官一员，帮带官二员，哨官三员，哨长四员，字识一名，马夫十九名，伙夫二十五名。

靖边营道标步队五百名，管带官一员，分带官一员，哨官四员，哨长五员，长夫二十四名，伙夫四十六名。

客军弁兵数目

黑龙江马队二百四十八名，统带一员，委营总四员，委参领八员，委防御九员，委骁骑校九员，委笔帖式八员，委官六员。

吉林马队二百六十七名，统带一员，委营总三员，委参领九员，佐领一员，委防御十员，委骁骑校八员，委笔帖式七员，委官八员。

蒙古马队一百八十名，统带一员，梅伦一员，扎兰四员，章京六员，昆都四员，笔其克奇四员，官医生二员，协理台吉一员。

东土默特旗马兵十一名，扎兰一员。

天津练军后营步队官兵五百员名，营官一员，哨官四员，哨长五员，长夫二十四名，伙夫四十六名。

天津练军左营步队官兵五百员名，营官一员，哨官四员，哨长五员，长夫二十四名，伙夫四十六名。

古北口练军马队二百五十名，营官一员，帮带官二员，哨官四员，哨长五员，马夫二十二名，伙夫三十二名。

古北口练军步队官兵五百员名，营官一员，哨官四员，哨长五员，长夫二十四名，伙夫四十六名。

各城捕盗弁兵数目

承德县捕盗把总一员，马兵三十名。

新民厅捕盗把总一员，马兵三十二名，外委二员。

辽阳州捕盗把总一员，马兵二十二名，外委一员。

复州捕盗外委一员，马兵十名。

海城县捕盗把总一员，马兵四十名，外委一员。

铁岭县捕盗外委一员，马兵二十五名。

开原县捕盗外委一员，马兵二十六名。

盖平县捕盗外委一员，马兵六名。

昌图府捕盗千总一员，马兵八十名，外委一员。光绪三年，增外委二员、马兵一百名。四

年，增外委二员、马兵一百名。

兴京厅捕盗外委一员，马兵十名。

岫岩州捕盗外委一员，马兵八名。

锦县捕盗把总一员，马兵二十名，外委一员。

宁远州捕盗把总一员，马兵二十七名，外委一员。

义州捕盗把总一员，马兵三十名，外委一员。

广宁县捕盗把总一员，马兵三十名。

审理词讼

乾隆四十四年，刑部奏定旗民词讼悉归州县审理。道光元年，复经军机大臣会同刑部议奏，无论单旗单民及旗民交涉，与会旗查勘之案，均令州县自行审理，钦奉上谕，所有奉天州县旗民事件悉归审理，旗员不得干预等因，钦此。

光绪元年奏准，各厅州县，无论满汉一体，补用均加理事同知通判衔，所有旗民案件，悉归审断，毋庸再与旗员会办。二年，奏定协佐等官，无地方之责者，除各旗过继子嗣例应加结详咨，控分家产须凭旗存户口册档及各项旗产买卖退领等事，无论旗民、佃户，仍令该管界官督征比催外，其赌博奸盗等事，比照各有泛防之例，应由各界一体严拿。一经拿获，即送地方官讯问，不准该界官等讯供禁押，亦毋庸会同审讯。其余人命斗殴及钱债户婚田土，一切旗民词讼，无论有关罪名与否，悉归各厅州县审断，不准该界官擅受呈词，丝毫干预。倘该界官所属旗人不服传唤，及有抗拒容隐等事，准该地方移提审讯，不得藉词推诿稽延。如有包庇牵掣，强行干预，准各厅州县禀报严参。

旗界官回避本城

道光十一年奏准，本城旗人不准作本城武职。光绪元年，奏请申明旧例。二年，奏定现虽地方词讼不准旗员干预，而催科缉捕，乃其专责所属，旗人口角小事，界官岂能不闻不问，应仍回避本城，始可引嫌。嗣后，再有界官缺出，均应隔城挑选，其本城之人令于挑缺牌内声明扣除，所有从前呈请就产当差等事，一概革除。

缉捕章程

光绪元年奏请地方缉捕处分，自城守尉至路记佐领必与州县等官一体轻重，不得以属弁塞责。二年奏定缉捕不力处分，界官每以卡差公出，委过于骁骑校、领催等微末各员。嗣后，围场台差十二处，应改为骁骑校专项差使，免派佐领防御充当。倘本界捕务疏虞，即将该管城守尉、佐领、防御等官照地方官缉捕不力之例，一体分别议处。

盐捐章程

奉省盐捐于同治六年经前将军都兴阿等奏准，在沿海地方试办，每盐一石，捐东钱一吊，以八成归公，二成作为店商及委员兵役费用，历年捐收归公东钱十七万至二十七万余吊不等，由各该地方官易银解省交捷胜营，搭放练兵口分。嗣于光绪三年，又经兵部左侍郎署盛京将军兼奉天总督崇厚会同盛京户部侍郎岐元、奉天府尹行巡抚事恩福奏准，每盐一石，抽东钱两吊四百文，以八成归公，二成作为局员薪水，司事局丁巡役工食，并准滩户每石加价钱六百文，省城设立总局，各州县、沿海地方设立分局，委员驻扎各局，照章捐办，征收钱文易银，解省专充练兵军饷之用。

昌图职官学额兵数

光绪三年奏准昌图厅改为府治，升设知府，并将巡检升为府，司狱训导升为府教授，增定文学额八名、武学额六名。添设奉化县知县，驻扎梨树城，将梨树城照磨移设八面城。添设怀德县知县，驻扎八家镇，将八家镇经历移设康家屯。并增奉化县典史一员、怀德县典史一员管理监狱。该两县各设训导一员，振兴学校，每学文、武学额各四名，复增设捕盗营马兵二百名，交昌图厅分拨调遣，所有廉俸工食及饷乾等款，均由该处斗税项下支销。

东边外开垦升科设官事宜

省东凤凰、暧阳、碱厂、旺清四边门外，南北千有余里，闲荒之地，游民开垦多年，渐城村落，人民繁庶，良莠不齐。道光年间，即有展边之议。迨至同治六年，民人何名庆等呈请升科。盛京户部侍郎额勒和布等据以入告，经王大臣会议，与其守例而谕禁两穷，何如就势而抚绥较便，钦派侍郎延煦等出边查勘。复经钦派通晓，堪与礼部主事张元益恭抵永陵，由启运山上溯龙脉老岗西，自金厂岭东至邯郸坡之高岭，约长一百数十里，南北约宽二三十里至十余里不等，俱系有关风水之处，设立封堆九处，永远查禁。旋由原任将军都兴阿派员履勘边外各地亩，于近边一带准升科熟地五十余万亩，迤南之东沟各处，旧有匪徒盘距，私立镢钱锄税各名目，任意苛征，且负嵎抗拒，内地马贼视为逋逃渊薮。光绪元年，钦差原署将军尚书崇调集天津及古北口马步队会同本省捷胜营练兵，合力兜剿，将积年巨憝宋三好等匪歼除净尽，并平定迤北之庙儿沟、通沟各股匪，边外一律肃清，流民均经向化，奏请边地普律升科。钦奉谕旨，但凡认地耕种者，无论旗民，一体编入户口册籍等因，钦此钦遵。遴派道员陈本植、知府恒泰、记名提督左宝贵等率领各委员逐段行绳，除上则之地按亩升科外，其余中则以两亩为一亩，下则以三亩为一亩，通共折算并将军都所办升科五十余万亩之地，统计熟地一百八十万三千余亩有奇，每亩征正课耗羡银三分，所有朝鲜贡道两旁宽留十丈，以便往来，并筹办木税苇租、山货烧锅斗租各项杂税，以为设官增兵之费。旋于三年奏准设立道标靖边营马队二百名，步队五百名，其营制□□□照直隶练军章程办理，并添设东边道以下等官。

盛京典制备考卷八

盛京典制备考卷八目录

奏议折片

奏拟请变通吏治折

光绪元年七月二十八日，署将军刑部尚书崇实具奏。奏为熟筹奉省全局，遵旨变通吏治，谨议紧要章程恭折驰奏，仰祈圣鉴事。窃奴才自署任以来，屡奉谕旨谆谆，以奉省积弊太深，急宜变通，以期整顿。复于七月初四日，接到军机大臣字寄奉上谕，该省事权不一，从前将军府尹往往各存意见，以致政令歧出，遇事牴牾。该处公事究竟因何不能彼此相联络，势成掣肘，着崇实将实在情形并酌定章程妥议具奏等因，钦此。奴才膺兹艰钜，兢惕难名，诚恐稍有疏虞，无补万一，故于初到奉省时，虽查办事件头绪纷烦，而地方情形业经随时入告，不敢略避嫌怨，致涉欺蒙，凡所敷陈久邀圣鉴。现又督饬司员会同本城满、汉首领各官互相讨论，复于其间博采众议，不厌精详，在深明大义者，急愿更张，而瞻顾私情者，未免疑阻。奴才统筹全局体验，再三与其筑室道谋，不如临几立断，实事求是，渐有端倪。窃以兴利不难，难于除弊，弊之习于下者易除，而弊之倡于上者难除。故整饬官常，必由大吏而始。伏查奉省将军之设，迄于地方各员，国初至今，屡有增易，在朝廷因时制宜，原无历久不变之法，惟是陪都重地，根本所关，若使建置规模下同各省，殊不足以重维系而示尊崇。目下，习染所趋未便，再拘成格。奴才辗转思维，惟有仍存五部之名，以隆体制，兼仿督抚之例，以一事权，救弊补偏，大纲已立。然后筹经费，以资办公，则贿赂之风可息，专责任以防推诿，则盗贼之源可清。谨将现议章程条分缕晰，敬为皇太后、皇上详陈之。

一将军事权宜变通也。奉天积弊，由于旗民不和，而推其本原实缘，大吏之先存意见，将军于地方各官向不兼辖，遇有会办公件，呼应往往不灵。溯其建置之初，原与五部隐相兼摄，故至今公牍多半会衔，厥后将军威望渐轻，而五部权力遂重，其中道尹归于户部，与将军更易抗衡，旗民两途各不相下，虽有会稿，等于虚文。近年，舆论且谓奉省大员既非京，而非外将军，名位虽有权而无权。因此，风气所开，僚属亦各立门户，有为者转多顾忌，无能者不免瞻徇，而公事遂不堪设想矣。夫将军镇守地方何如郑重，即朝廷饬议所在，无不首专责成，今则畛域各分，何以统饬全局。且既督办军务，于兵刑粮饷皆当并筹，而将军向仿京员，印信亦存公署，每办一事，经手多人，往复监钤，断难机密。奴才近发紧要文移，因奉使出京带有刑部预印空白，得以亲加封递，方免窥探之私。若拘定章，必多误事。拟请旨，将盛京将军一缺，改为管理兵、刑两部，兼管奉天府府尹事务，即仿各省总督体制，加兵部尚书衔，另颁总督奉天旗民地方军务关防一颗，并加兼理粮饷字样，以便管带金银库印钥，且可稽核户部出入，其余公事，悉仍其旧。如此，则旗民文武全归统辖，机密重件亦易防闲，即粮饷兵刑悉有总理之责，而三陵、内务府原系本职所司，惟永陵离省较远，今既添设副都统，则责有攸归，其余各部事务皆令与将军和衷商办。此维持通省之苦衷，实絜领提纲之先务也。

一府尹事权宜变通也。察吏安民，府尹最重，本与兼尹相助为理，惟兼尹向属户部，而旗民交涉之狱，又须由刑部会办定案。近年，民多于旗，缪轕最甚，府尹虽设有狱局审断，每不得自专，往往一事而上制于户部之兼尹，旁牵于刑部之会讯，稽留往复，清理良难。各州县申详此等案情，亦遂纷而无主，甚至包苴争纳，径窦互开，多一兼管衙门，即多一需索地步，此弊之在上者也。健讼成风，意存拖累，原告控于府尹，被告又控刑部，而部中司员复不遵定章，任意收呈，随处提案，问官亦有偏袒，胥吏因而作奸，审结无期，互传不到。其中命盗重案，竟使待质图圄多至一二十年，微论瘐死纷纷，无从呼诉，而挟仇勒贿，被害尤深。至于会验尸伤，每以索费久稽，动辄数月，此弊之在民者也。拟请旨将奉天府府尹一缺加二品衔，以右副都御史行巡抚事，旗民各务悉归专理，便与将军相承一气，不致两歧，以此安民，先免株累，以此察吏，方有禀承通省纪纲，斯为枢纽。

一五部事权宜变通也。奉天及吉、黑两省饷需汇于户部，其任匪轻，不宜再兼府尹，反增枝节，而三陵典礼、大内工程，礼、工两部各有专司，皆于民间无涉。至将军虽管理兵、刑，而该部堂官责无旁贷，五部侍郎应仍其旧，无须移动，俾免纷更。夫刑部之弊，前已略陈，相应请旨申明定例，亦如京中刑部体制。嗣后，惟旗民交涉罪在犯徒以上者，方准该部按律定拟，其余一概不得干预。该司官等如再有违例收呈提案及相验逾限等事，径由将军指名严参，以杜侵官而纾民困。至兵部，仅管驿丁事，原简易，惟文书任意私拆漏泄太多，一言未上而通国皆知，一令未颁而浮议先起，甚且机密钉封往往破损。此外，寻常公牍积压、遗失，不可胜言。窃思陈奏机宜，军、尹两处多于各部，今以将军管理，即可一手整齐。更拟请旨将地方通同州县，各员兼理驿务，所有向设驿丁，准其会同兵部所派之驿站监督，随时察核沿途，逐站皆得其人，文报攸关亟宜并议。

一奉天府治中一缺宜变通也。奉省大吏太多，而下僚太少，未免足轻首重，是以政令不齐，查兼尹府尹以次少一，承上启下之员为之关捩，仅有承德县知县联属之际，太觉不伦，治中究系京员外官，势不相洽。而通省清查亏空、督办案情，须有专司，方资表率。拟于奉省中添设首道一缺，名曰奉天驿巡道，阖省驿站及新设捕盗营之同通州县，悉隶其下，俾得稽巡。惟增修衙署、招募胥役，繁费殊多，猝无所出。拟即将治中一缺加一道衔，兼行首道事务。另颁奉天驿巡道关防一颗，余仍其旧。如蒙议准，则廉俸亦须随后另筹。事权既不参差，体制较为完备。查治中本系汉缺，向归捐选，嗣后应将正途出身人员改为请旨简放，以昭慎重。

一旗民地方各官宜变通也。旗民交涉之案，各州县必与城守尉等官会同办理，查其列衔之处，禀将军则尉县并书，禀府尹则有县无尉，同一公牍，任意纷歧，遂至守尉目中几无府尹，营私挟诈，何所不为？且于地方尤有数弊。旗界同居，非亲即友，官中公事，但论私情，其弊一也。会办各异，未能和衷，彼此留难，案久悬搁，其弊二也。命盗重件，遇有旗人，则借强宗为护身之符，托本管为说情之地，抗拒容隐，不服查拿，其弊三也。捕盗不力，州县官处分綦严，而城守尉、佐领等官，尤有专责，乃尽委罪于骁骑校及领催微末诸员，指名搪塞，劫掠横行，致无忌惮，其弊四也。上分其肥，下受其毒，曲直无从申理，州县亦遂因循是以。奴才前次请照热河定例，将地方通同以下，全加理事等衔，片奏在案，今更拟请旨，嗣后奉省地方一切案件，无论旗民，专归同通州县等官管理。其旗界大小，各员只准经理旗租、缉捕盗贼，此外不得丝毫干预。其缉捕处分自城守尉至路记佐领，必与州县等官一律轻重，不得以属弁，随时塞责，而本城旗人尤须再申定例，不许作本界武职，如此划清限制，自无包庇牵掣之虞。至各处城守尉，本系宗室专缺，官阶同于府道，责任亦遂不轻。嗣后，请旨简放时，拟择宗室中谙练政事之员，方能称职，如其才力不胜，应由将军随时甄别，方不至贻误地方。其余民界各官升途太隘，虽有京察计典，奉省均属具文，是以吏治毫无振作。拟并请将奉省道府同通州县，由吏部推广升途，力加鼓励，庶几有所激口，百废可兴，是亦为根本储才之急务也。

一各大吏养廉宜变通也。奉省贿赂公行已非一日，原情而论，出于贪黩者犹少，迫于窃困者实多。查将军养廉，虽名八成，而官票每两折银只以二钱五分入算，此外一成停止，一成实折计廉银额二千两，实数仅五百余金。推之府尹、府丞，又当四成递折，实数不过二百余金矣。藉此从公，万难敷衍，不得已设为名目，取给下僚，有节寿之贺仪，有月费之摊款，自兼尹刑部，迄于府尹、府丞，凡涉词讼之官，地方无不馈送，变本加厉，习为故常，甚至民间讹传，委缺必酬，到任必谢，而营求嘱托，又无论矣。即有清洁自好之员，迫于时势，亦姑择受一二，不敢矫异鸣高。夫上官既资于下僚，下僚必敛于百姓，追呼掊克，激成事端，是以官习为不廉，而极之于纵役分赃，民亦习为不廉，而极之于杀人放火。典章罔顾，教化不兴，此陋规相沿，实奉省第一大弊也。窃思兴廉不难，道在善养，若以竭蹶办公之力，复有衣食内顾之忧，不惟陷塞人材，亦觉有伤政体。国家原情立法，本不苦以所难，拟请旨，嗣后，奉省各大吏养廉，与其递折，但立虚名，不如另减，归于实济，将军既照总督例，即以至少省分计之，养廉当一万八千金。府尹既照巡抚例，养廉至少一万二千金。然值此时艰，必须力求节省，因核各处用度，将军养廉至少非实银八千两不可，府尹养廉至少非实银六千两不可。而府尹内有幕修，外有役食，六千之数，仍属难敷。查各地方官向有摊派之款，奴才细加分别，凡涉私规，悉行汰去，尚留公用三四千金，拟即令其汇解府尹衙门，以补公用之不足。府丞既兼学政，亦系外官，今既裁撤陋规，其养廉非实银二千亦难有济。以上各款可否即由海关道征收盈余及新增盈余两项下，按年支解作正开销，并恳天恩格外俯恤所有奉省督抚、学政养廉，均给实银外，余如副都统、五部廉俸原额本少，皆准八成实放，不必叠为折扣，而将军兼辖事烦，支用尤钜，虽议养廉八千，仍恐不敷所用。奴才另有津贴公费之筹，具详此下条款，亦知国用未充，可减则减，岂容别生枝节，徒事虚糜。惟关外情形迥殊，各省既欲力除积弊，便当筹及通盘，况乎宅镐留丰自古不嫌优异，力培根本，理所当然，外省养廉岂容并论。在帑项所支无几，而大局所全已多，苟可补苴，何敢迁就。自经此次议定章程后，凡奉省向来各大吏，一切全分半分陋规概行禁革，若蹈前辙，立予严惩。在小民可稍免苛求，而墨吏亦无所藉口，清源正本莫切于斯。

一仓差规费宜变通也。奉省各旗草豆由折色，以至实微，最不画一，数则任意增减，田则任人归并，宗室未完之款，或取偿于平民富绅应纳之粮，反强派之贫户，浮收包揽，百弊丛生。而正供之外，尚有盈余，谓之仓差规费，每年收租，例由将军专派督催协领一员，由部分派正、副监督司官二员，其奉派之员，每纳规费于本管上官，始而每人不过三四千金，继则五六千金。近来增至八九千金，本属私供，遂无定数，往往承办各员借贷垫赔，致招物□，甚或藉此讹索，其患仍受于民。奴才洞悉其弊，现将旗租草豆章程改为一律，无论宗室、平民，上、中、下户酌一适中之数，按亩交收，以此贫民同声感戴。所不便者，惟包粮之士棍及不法之豪强，□□此力加核减，仍有盈余，约在一万五六千金。窃□此项虽非正供，尚于地方无碍，欲必概行裁撤，未免竭泽而渔，与其任作私规，茫无限制，不如改充公费，免再诛求。惟五部向系轮派司员，计必递推三年，始受规费一次，任有久暂事，亦不均。奴才拟于盈余中先提一万金，作为五部侍郎公费，每岁各分二千，以资贴补，而派员督办，仍循旧章，余数千金，即充军署公费，所取有定，较觉光明。查前任将军都兴阿最称狷介，始则力却，此款后亦藉以资生，及其身后，仍复萧条，仰蒙恩赏千金，始得扶柩归里，亦可慨廉吏之难为矣。奴才此次与岐元出差，幸荷恩施，准给口分，从公半载，方可支持，故于地方毫不沾染，一俟养廉增定，即请停支是知规费，润余各员，万非得已，若再多方隐饰，终有玷于官箴，惟以臣子苦衷，上求谅于君父，冒渎至此，悚仄难安，然既化私而为官，即非损下以益上，或亦因利乘便之一端也。

以上章程均系奉省紧要关键，奴才审时度势，倍极焦劳，既不敢稍涉弥缝，又未便过于操切，盖欲兴一利，必预计其能行，欲剔一弊，必先去其太甚。总期上维国体，下顺民情，诸臣具有天良，敢不力图补救。其余文武各属，上行下效，势易劝惩，但须举劾得宜，便可随时观感，已往之衍，姑请免究，后来之咎，必予严参，至其职所，当为皆有成宪可守，无庸纷扰，上渎宸聪，大局挽回，略具于此。伏思古有治人，原无治法，况奉天重地，屡经列圣贻谋，犹不惜增改，再三经权互济，如奴才学愚识昧，何敢谓变通之计，即可裕久远之图，惟是事以穷而始，通法必求其可继，此则目前之整饬固难，而日后之防闲尤宜慎者也。夫国家勤求上理，专为民生，政不出于多门，乃实受抚循之惠，贿不行于上，下始无伤衣食之原，用恩于立威之中，施教于既富之后，庶几盗风可绝，元气渐培。今则建议之初，最宜详审，而根本所系久廑圣怀，奴才一得之愚，未敢自信，惟有仰恳皇太后、皇上俯念事体重大，饬下军机王大臣、六部九卿迅速会议，以便请旨遵行，实于奉省地方大有裨益，所有钦遵变通吏治章程缘由理合，恭折驰奏，伏祈皇太后、皇上圣鉴训示，谨奏。奉旨军机大臣、六部九卿会议具奏，钦此。嗣经会议照准，惟治中一缺裁撤，改设驿巡道一员。

奏请将旗租草豆按亩一律稽征折

光绪元年七月，前署将军刑部尚书崇实具奏。奏为整顿旗租草豆，以裕民生而培国本，恭折仰祈圣鉴事。窃查奉省各界旗租内有草豆一款，系专为豢养祭祀牛、羊，实关紧要。向来以六亩为一日，每日折价一千三百四十文，计本色地六万日，共折东钱八万零四百千文，余地三十一万八千二百九十二日。因路有远近，其相距辽阔者，每日则折征七百六十文，共折东钱二十四万一千九百零一千九百三十文。历年经理，均有定章。后因各界办公，不免糜费，而催科之役食、兵车之差徭，以及宗室、觉罗、刁绅、劣监或把持渔利，或倚势抗征，复有无着，各地均须另筹包垫，遂于例纳草豆各户名下，每地一日，增派七百余文，以补各项之不足。由此，毫无限制，即同一日核计，多且纳至二三千文，少则纳至七八百文，苦乐既属不均，杂差又未截止，而各界承催之员，贤愚不等，藉词讹索，受累无穷，种种弊端，日甚一日。奴才出关之始，即有风闻，近则纳租各户纷纷控诉，其中飞粮包揽，浮冒规避，旗民鏊辀，不可胜言。窃思仓额正供所关甚重，似此高下其手，假公济私，凡属经手吏胥，无不利归中饱，而强宗大户，拖欠累累，反须责之贫民，易于挟制，以为絜长补短之计宜乎？地方凋弊，劫掠横行，念恤民依何以堪此。奴才亟思整顿，以清闾口衣食之源。惟现值多事之秋，若必于额征外，概行裁撤，则公费更无所出，又将枝节横生。奴才再四通筹，无论上中下、贵贱富贫，但有一日六亩之粮，每日止折东钱一千一百二十文，合之制钱，仅一百八十余文，一律均平，至轻至简，所有正余各款，一并在内，此外不得复立名目，稍涉参差，在辛勤之租户无不欢呼，而贫滑之豪强不免怨谤。奴才惟有严于执法，惩及将来，从此花户有所遵循，事归一致，公私仍可兼济，胥役亦遂无权。自此次变通之后，凡应纳地亩，不准拖延。此外，丝毫亦不许藉资民力，其有另典另租，辗转更易，总以粮从地出，只按佃户催征，如此澈底清办，积弊方除，似于国计民生两有裨益。奴才愚昧之见，是否有当，所有整顿旗租草豆缘由理合，恭折具陈，伏祈皇太后、皇上圣鉴训示，遵行谨奏。奉旨，知道了，钦此。

奏拟将昌图厅升为府治试办河税斗租以为增官添兵经费折片

　　光绪元年十二月，署将军刑部尚书崇实具奏。再奉省盗贼充斥原因，边外一带各处久为匪徒窃据，内地亡命恃为遁逃之薮，所有逸犯一经出边，即难缉获。现在边外肃清，流民向化，东路一带已无抢案，即西南两路节经奴才等饬令旗民地方官严行踩缉，并编保甲，各会协力兜拿。半年以来，内外各城捕获盗案，解省审办及批令就地正法者，不下三四百名之多，盗风亦已渐息。惟北路尚难遽靖，缘昌图厅本在法库门外蒙古地界，嘉庆年间始设通判一员，后复改为同知。该厅所辖南北二百余里，东西五百余里，蒙民杂处，案牍繁多，以一同知独任其事，顾此失彼，不问可知。嗣虽增设经历、照磨两员，分司巡缉，而势薄权轻，难期得力，因而盗风出没无常，不时滋扰。奴才崇实抵任后，统筹全局，早已计虑及此，适昌图厅同知赵受璧因公晋省，当即面加商榷。该同知亦以厅属地面辽阔，防范难周，且近日流民愈多，耕种殆偏，械斗之案层见迭出，请即增官设兵，以资治理。经奴才崇实诘以该厅系蒙古地面，所有地租向由蒙古自管，并不归官经理，当此库款支绌之时，建置无资，似难筹办。据其禀称，该厅如开河禁，并设官斗，每岁可入税银二万两上下，尽可以供经费。当由奴才崇实饬其回厅，再行体察民情，详细筹议。叠据禀覆，开河设斗两事，证之绅董商民人等，无不乐从，增官设兵，民情亦甚，翕服拟请将昌图同知改为知府，以资表率。再于梨树城增设通判一员，八家镇增设知县一员，并厅属之西南康家屯地方增设知州一员，分设佐杂各官相助为理，遇有命盗各案，庶免鞭长莫及之虞。且昌图与热河壤地相接，厅属并无旗兵，即请仿照热河之例，添置绿营，派兵分防，以资镇慑。似此星罗棋布，庶足以清词讼而靖盗风等语，并请即核办前来。奴才等复经遴派妥员采访舆论，并履勘河道，各据禀覆，与该同知所禀大略相同。窃思河道系地方自然之利，该厅由南同江直达营口，顺流而下，一水可通，载运货物较之陆路，自必省便。前此屡议开河论者，以蒙古地方未便令其富庶，所见甚小。至斗税一宗，前数年曾经开办，嗣以经纪把持中止，近因私斗未能画一，辄起争端，亟宜举办，以清市厘。且斗税一项于经费不无小补。总之，以奉省全局而论，现惟北路盗风最炽。昌图地广民顽，若不增官设兵，不足以清盗源，而经费无资，势不能不取给于河、斗两税，惟能否征有成数，未经开办，尚难预料。奴才等现拟饬令该同知先将河税、斗税暂行试办，如果著有成效，当再增设官弁，以垂经久而免弊端。奴才等为通筹全局，因地制宜起见，是否有当，请旨遵行，谨附片具陈，伏乞圣鉴训示，谨奏。奉旨，另有旨，钦此。

奏请协佐之缺应以保举应升一体挑补折

光绪二年正月，前署将军刑部尚书崇实具奏。再查盛京额设满蒙汉八旗协领、佐领等官，或为一旗表率，或有应办旗务各缺，均为紧要，非勤能谙练之员，不足胜任。近来，保案频仍，凡有带队勤劳、缉捕勇往者，无不荐牍同登，仰邀恩奖，一遇缺出，补用纷纷。其中留心公事、奋发有为者，固尚有人，而不通文义、粗鄙无能者，亦在所不免。协佐之不能称职，实由于此。前经奴才逐加察看，于其不堪造就者，分别奏参革职休致，以示惩警，所遗各缺，若仍以保举人员循例换补，惟恐故辙重循，不足以资振作。嗣后，无论协佐遇有缺出，拟请将保举、应升两班人员一体入队考验，弓马并试，以公事由。奴才酌量请补，庶可慎选得人，于地方旗务均有裨益。奴才为整顿旗营起见，是否有当，理合附片具陈，伏乞圣鉴训示，谨奏。奉旨，着照所请兵部知道，钦此。

奏请将将军印信移存督署片

光绪二年三月，署将军尚书崇实具奏。再查盛京将军衙门系属办公之所，屋宇无多，因仿京员之例，将军另住私宅，民间谓之府第。现既兼为总督，自应稍立规模，拟即因陋就简，添盖大堂及各书吏科房，专办地方要件，庶一切旗民公务得以划清界限，不致仍前混淆。业由奴才捐资于私宅之前，置买民房空地一所，以便改建。惟从前兼尹，未改总督体制，向无印信，所办地方公事，不过会同府尹画稿，而将军印信又存在衙门，所有文件，无论钜细，均须进署盖用印信。是以，历来将军一令未出，通国皆知，流弊甚多，不可枚举。此皆关防不密之故也。奴才自上年奉命出关以来，因带有刑部预用空白，所办各事始能严密。目下，刑部空白已经用完，总督关防尚未颁到，遇有机密要件办理，颇觉费手，缘将军衙门一文一印必须周转多人，往往遇事泄露，百弊丛生。现又钦奉谕旨，查办吉林事件，案关邻封大吏，更宜加意慎密。奴才现拟先行将将军印信移存督署，免致泄露，藉昭慎重，并请旨饬下吏、礼二部，即将总督关防赶紧铸造颁发来奉，以便办公，而资整顿。奴才为慎密公事起见，理合奏明，谨附片具陈，伏乞圣鉴，谨奏。奉旨该部知道，钦此。

奏定驿巡道养廉并将军粮通判改为同知折

光绪二年四月，前署将军刑部尚书崇实、奉天府府尹庆裕具奏。奏为筹议改设道员应办事宜，并拟将理事通判改为军粮同知，以符体制，先行恭折具奏，仰祈圣鉴事。窃奴才崇实上年遵旨变通吏治，当因奉省少一承上启下之员，拟将治中请加道衔，兼行首道事务，并管阖省驿站。嗣经廷臣会议，奏请裁撤治中，改为驿巡道。奉旨允准，钦遵在案。奴才等伏查改设驿巡道专员，既可藉资表率，亦更有所责成一切事宜，较为妥协。惟治中本系五品京职，奉省向章例□学政提调官，所有奉天府属与考文武各童，均由治中录送，学政考试，其公所中建有考棚，驻劄城外。今改设驿巡道，既系监司大员，自未便令其仍办学政提调等事。奴才等再三商酌，奉天理事通判一员原为管理旗民交涉案件而设，现在各厅、州、县既经加有理事同通衔，此缺即可裁撤，改为军粮同知，拣由正途出身人员补用，以便专办考试。其通判所管各务即归该同知管理，庶于变通之中仍可各符体制。惟于通判衙署另盖考棚，未免又须糜费，拟即彼此互换，以治中公所作为同知衙署，即将通判旧署量为展拓修葺，以为首道衙署。似此一转移间，实属两相合宜。所有用费当由奴才等再行筹款奏明，核实办理。至该道养廉一节，查热河道养廉每年只二千两，山东要缺各道则有多至四千两者。此次改设道员，事同创始，既无别项入款，足资养赡，而兼管通省驿站，审转奉天府属刑名，并治中向管各务，除考试一层，应归新设同知办理，其余诸事仍由该道专办。政务殷繁，计非实银三千两，不足以敷办公。虽较之热河不无加增，而比之山东，尚为减少，酌中定议，与例亦属相符。现在员缺既蒙简调，有人不日即可到省，合无仰恳天恩，俯念奉天根本重地，该道职任繁难，饬部照准，庶实事求是，稍免竭蹶之虞，并请谕令吏、礼两部即将该道关防暨拟改之军粮同知，关防赶紧铸造，颁发来奉，以资办公，而免旷误。至新设道员同知，各衙门应募书役及人夫工食等项，奴才等拟仿照热河章程，随时酌量办理。所有筹议改设道员应办事宜，并拟将理事通判改为同知各缘由谨先行合词恭折奏闻。其余变通各条，奴才等当再详加酌核，随时奏明，请旨遵办，是否有当，伏乞皇太后、皇上圣鉴训示遵行，谨奏。奉旨，着照所请该部知道，钦此。

奏请驿巡道养廉应由山海关常税盈余项下动支折片

光绪二年，署将军兼总督刑部尚书崇实具奏。再奉省苦于经费不足，遇有地方应办之事，无款可筹，诸形竭蹶。前经奴才等奏请将山海关常税盈余项下除提拨督抚学政养廉外，每年所剩之数千两，并招商船税一款，统行提归奉省，以备各项杂支之用。原因变通章程在在需款起见，现虽未奉部覆第，改设之驿巡道一缺，业经奏请每年支给养廉实银三千两，已蒙恩准在案。自应遵照办理，惟查地方官养廉向在地丁耗羡项下动支，而奉省地丁归地方官征收者无多，耗羡数亦甚微，是以从前冶^①中粮厅等员所领养廉均在中江税羡项下动支，然为数亦属有限，势难筹拨该道养廉。现在员缺业蒙简调，有人不日当可到省，即应支给养廉。奴才等再三商酌，惟有仰恳天恩，准予新设驿巡道养廉，即在所请留备杂支之内动拨。至改设之军粮同知，自应比照奉省各同知之例，年给养廉仍归中江税羡项下遵照向章折扣支放。至该道、该同知应支俸工等银，仍由承德县地丁项下按成支给，以符定制，理合附片具陈。伏乞圣鉴训示，遵行，谨奏。奉旨，着照所请该部知道，钦此。

奏请详定吏治章程折

光绪二年闰五月，署将军刑部尚书崇实、奉天府府尹庆裕会奏。奏为遵旨妥议变通吏治未尽事宜，谨将拟定详细章程先行恭折覆奏，仰祈圣鉴事。窃奴才崇实仰蒙圣训谆谆，以奉省积弊太深，亟宜变通整顿，当经条议具陈奏。经廷臣集议，于光绪元年十二月二十二日，奉上谕，前因崇实等奏请变通奉省吏治章程，暨州县各官并请变通办理各一折，当经先后论，令军机大臣、六部九卿会议具奏。兹据奏称，该署将军等所陈系属寔在情形，均请照准等语。奉天为陪京重地，从前狃于故习，积弊已深。经此次变通章程，崇实等务当寔力奉行，认真整顿。其余未尽事宜，仍着随时酌度情形，奏明办理。余依议，钦

---

① 应为治。

此等因。奴才等敬谨跪读之下，欲感莫名。伏思法贵因时，庶足补偏而救弊。事宜慎始，尤须虑远而思深。除前奏已经详尽各节，毋庸再议外，其余应行条分缕晰者尚多，若不斟酌尽善，再为申明，窃恐日久弊生，仍循故辙。奴才等复经督饬旗民各员，逐一参稽，悉心酌覈，现在总督关防既经颁到，地方公事亟应及时奏定，俾有遵循。谨将现拟详细章程先行胪列条款，恭呈御览。

一督抚会办各事应详定章程也。查奉省从前将军、府尹分管旗、民，以致各存意见，流弊滋生。现既改督抚，以一事权，合旗民而归总制，则责无旁贷，政不纷歧，既有提纲挈领之人，自免牵掣诿卸之弊。惟向例督抚同城，虽一切政务悉归统辖，而亦各有专司，以重职守。现在府尹既加二品衔，行巡抚事，则督抚会办诸事，自应分定限制，以免紊淆。嗣后，营制、军政、饷需、边务以及地方紧要盗案，均由总督主稿，而巡抚会衔，其文职正佐各员升迁调补、举劾计典暨所属刑名、钱谷、雨水、粮价，一切事件应归巡抚主稿，总督会衔。至将军管理兵、刑两部，兼管户部金银库，并礼、工两部向来与将军会办各事，从前系由何衙门主稿者，请悉仍其旧。不过，将军皆总其成，即可统持全局，庶分之以各专责成者，仍合之以共维体制，彼此相承一气，自免涣散如前。

一州县各官兼管驿务，应详定章程也。查奉省驿站所有监督驿丞、驿丁，以及喂养马匹支销、马乾银两，向由兵部主政。奉省州县从未设有铺递，皆因无款可领，以致各项文件遗漏甚多。今请由地方官兼理，原为整顿驿务起见，自不必过事更张，致多纷扰。嗣后，各厅、州、县所属境内驿丞、驿丁，仍由兵部遴派，正、副监督管理并归地方官兼辖，遇有过往马递限行、文报饬令，各驿设立号簿，将收发时刻、日行程限，分晰登记，验无稽延拆动等弊，即行出具印收，交原驿丁带回备查，按十日一次分报。该管厅、州、县暨监督衙门再由各厅、州、县按季汇报，驿巡道查覈。倘验有情弊，一面接收加封转递，一面将驿丁扣留，呈送该管厅、州、县讯供，移会监督，禀道究办。倘该驿丞徇隐不报，经该地方官查出，或别经发觉，则应查取职名，照例参办。至日行铺递公文，应由地方官分段设立，铺司随时接递，庶免稽压之虞。但此项经费奉省实无闲款可筹，查向来地方州县遇有要差，均系借资商力，由铺户津贴公费，与各省办理差徭，借资民力，情事相同。今既添设铺司，应令各属即于津贴公费内自行筹办，毋须另行请款。此外，亦不准丝毫需索，以累闾阎。

一首道承转案件，应详定章程也。查前因奉省少一承上启下之人，奴才等拟将治中请加道衔，以便承转诸务。现经部议，裁撤治中，改设驿巡道，省垣既有监司大员，则一切政务更可由其承转。而刑名案件，尤为紧要，奉省向章旗民交涉各案，虽犯在徒罪以上，亦只由各厅州县审定后，迳解府尹，咨送刑部会同审理，未免涉于简略，其中必须有覆核审转之员，方昭慎重。现既奏准旗民交涉，徒罪以上各案，方归刑部拟结。嗣后，应行送审定拟之案，奉天府所属各厅、州、县，应归驿巡道管辖，由该道覆审，转详巡抚，咨送刑部，会同督抚覆覈定拟，并将原案分详总督衙门查覈。至单民案件与命盗各案，逃犯凡该道所属，各厅、州、县统应由该道一体督缉覈转。徒罪以下之案，事同一律，照章毋庸送部，只由各属详道覆覈后，即详巡抚批结。似此明定章程，将来添设边关道，所有边外各属刑名等件，亦可仿照办理。至锦州府属各州县，向来由锦州府审转者，仍令其迳行详院，不必再行详道，致多周折。

一旗员不准干预词讼，应详定章程也。查乾隆四十四年，曾经刑部奏定，旗民词讼悉归州县审理。道光元年，复经军机大臣会同刑部议奏，无论单旗、单民，及旗民交涉，与会旗查勘之案，均令州县自行审理。钦奉上谕，所有奉天州县旗民事件，悉归审理，旗员不得干预等因，钦此。自应恪遵成宪办理，只缘历任将军多与兼尹、府尹不能和衷，以致僚属亦分门户。凡遇旗民交涉之案，旗员不免从中掣肘，地方官每以申理为难，遂多迁就。现在同通州县均已请加理事衔，所有旗民案件皆可归其审断，毋庸再与旗员会办。嗣后，协佐等官，无地方之责者，除各旗过继子嗣，例应加结详咨，控分家产须凭旗存户口册档及各项旗产买卖退领等事，无论旗民、佃户，仍令该管界督征比催，以专考成，照旧办理外，其赌博、奸盗等事，比照各省泛防之例，应由各界一体严拿，一经拿获，即送地方官讯问，不准该界官等讯供、禁押，亦毋庸会同审讯。其余人命、斗殴及钱债、户婚、田土，一切旗民词讼，无论有关罪名与否，悉归各厅、州、县审断，不准该界官擅受呈词，丝毫干预，倘该界所属旗人不服传唤及有抗拒容隐等事，准该地方官移提审讯，不得藉词推委稽延。如有包庇牵制，强行干预，准各厅、州、县禀报严参。如此，庶可划清界限，不至再有牵混之虞。

一旗员不准充当本地界官，应详定章程也。查从前各城界官，无论是否本处旗人，均准充当。遇有词讼，非亲即友，每多偏袒，因与地方官争理刑名，以为瞻徇地步，故不能不申明。道光十一年奏准成案，本城旗人不准作本城武职，藉以杜绝弊端。现虽地方词讼不准旗员干预，而催科缉捕仍其专责，所属旗人口角小事，界官岂能不闻不问？势须回避本城，始可引嫌。至于协佐等官，专司旗务，不办地方公事者，则不在此列。惟目下以本地旗人为本地界官者，人数尚多，若必概行撤调，亦觉过事纷更，自应暂准当差，饬令该管上司，认真稽查，如有前项情事，立即禀报撤换，以儆效尤。嗣后，再有界官缺出，均应隔城挑选，其本城之人，令于挑缺牌内声明扣除，积渐划清，较为简易。所有从前呈请就产当差，旧习未免各便私图，自应革除，以杜流弊。至缉捕不力处分，向来界官每以卡差公出，委过于骁骑校、领催等微末各员，殊不足以重捕务。现查东边一带，卡差均经裁撤，只有看守围场台差十二处。嗣后应改为骁骑校专项差使，拟即以东边所撤卡差川费口分，统行津贴围场台差，免再派令佐领、防御充当卡差，俾得专心本界缉捕，倘有疏防，即将该管城守尉、佐领、防御等官照地方官缉捕不力之例，一体分别议处，庶足以靖地方而重捕务。以上各条均系前奏，未能详叙，并准部咨，应由奴才酌拟之件，兹特详加妥议，明定章程，庶几纪纲毕具，自易整齐，责任攸分，无虞推诿，在上官不难于督饬，即下僚亦有所禀承，兴革大端略具于此。至于增设中军副将，整顿捕盗各营，暨昌图拟添官弁，边外拟立练军，自当统俟边务完竣，另行妥定章程，请旨遵办。他如总督应修衙署，首道应定养廉，及理事通判应改同知，以便办考诸事，业另折陆续奏陈，自可毋庸并列。所有奴才等遵议变通吏治，未尽事宜，谨将现拟详细章程，先行覆奏，请旨饬部存案，以垂永久。其余尚有应议之处，奴才等当再详加体察酌度情形，遵旨随时奏明办理，以冀仰副朝廷，孜孜求治，不厌精详之至意，理合会同恭折具陈，伏乞皇太后、皇上圣鉴训示，谨奏。奉旨，该部议奏，钦此。部议照准。

奏拟请昌图厅升为府治添设各官并增设捕盗马兵折

光绪三年正月，署将军兵部左侍郎崇厚会同盛京户部侍郎岐元、奉天府府尹恩福具奏。奏为昌图厅属幅员辽阔，拟请升为府治，添设厅县教佐各官，以资治理，而广教化，恭折仰祈圣鉴事。窃查奉省北边外昌图厅所辖，幅员一千六七百里，蒙民杂处，盗贼出没无常，厅属朝阳坡地方曾聚匪徒抗官拒捕。同治四年，经钦派原任大学士文祥带兵痛剿，始臻安谧。该厅本系蒙古地界，迩来流民日多，耕种殆遍，械斗命盗之案层见迭出，只一同知独任其事，分设经历、照磨各一员，襄同佐理，地大事繁，实有鞭长莫及之势。曾经前署将军尚书崇实统筹奉省全局，以该厅亟须添官增兵，藉资治理，而厅属地租向来蒙古自管，无款可筹，因请试办河税斗租，以为经费，奏明在案。旋经崇实饬派委员前往，会同该厅同知赵受璧妥定章程，试行办理，该处商民以此款为设官增兵之用，亦甚乐从。计自上年六月以来，河税一项，因河水浅涸，船只难通，未经开办，所有斗租试办半年，业已收有一万七百三十余两，除去委员盘费，尚存九千九百六十余两，就现在试办，每年可以收银二万一千余两，虽不能作为定额，以之设官增兵，尚敷支用。目下，地方甚关紧要，所有应行升设、添设各官，自应及时议定，请旨遵行。查前署将军尚书崇实原奏，拟将昌图厅同知升为知府，再于梨树城增设通判一员，八家镇增设知县一员，并于厅属西南康家屯地方增设知州一员，分设佐杂各官相助为理等因。现在奴才等察看情形，康家屯一处离昌图较近，似可毋庸添设知州，拟请将该厅升为府治，仿照热河承德府之例，仍管地面词讼各事，即康家屯地方亦可归其自理，移设八家镇经历于康家屯分防，再移梨树城照磨于八面城驻扎，均照旧请加六品衔，分司缉捕土匪，并勘验命盗各案。凡有地方词讼、户婚、田土细故，准其就近审理。徒罪以上送由该府讯办，并将该厅巡检一员升为府司狱，训导一员升为府教授，既足以重地方，亦可以符体制。此奴才等现拟升设昌图府之情形也。八家镇、梨树城两处原设经历、照磨各一员分防佐理。该两处均系扼要之区，政务殷繁，措理非易，该经历等职小权轻，难资整顿，今拟梨树城改为厅治，添设通判一员，名曰奉化厅，另添巡检一员，管理监狱。八家镇改为县治，添设知县一员，名曰怀德县，另添典史一员，管理监狱。并均添设训导各一员，以兴学校。该厅县应照章请加理事同知衔，以便蒙民，兼理所有昌图府自理词讼。徒罪以上命盗各案，应申详驿巡道审转，以昭慎重。至奉化厅怀德县自理徒罪以上之命盗各案，则应详由昌图府审转，径详府尹核办。此奴才等现拟添设厅县教佐各官之情形也。似此星罗棋布，既有提纲挈领之人，藉资表率，亦复划界分疆而治，各专责成。但使地方慎选得人，不难从容整顿。惟是该处地广民顽，盗风未息，东北直接吉林，边防尤难松缓。现在三盟及吉林各客队在彼驻扎，马队四五百名之多，兵力尚觉单薄，边外情形实与内地不同，若非多设捕盗弁兵，非特缉捕难期得力，且亦不足镇压地方。现拟于该府厅县另添捕盗营马兵二百名，交昌图府分拨调遣，以专责成，所需饷乾照章给发，即由此项斗租支销，以该处之所出供该处之所需，既免另筹饷项，并可抚辑闾阎，莫此为便。至于学校之事，风化攸关，现既升设府学教授，并于奉化厅怀德县添设训导各一员，若不增广学额，无以鼓励人材，自应酌量议增，以广教化，俾令地方有所观感。庶几默化潜移，民风渐归敦朴，以副朝廷绥靖边陲之至意。其修建衙署、监狱各费，即在上年秋冬两季所收斗租项下动拨，如有不敷，仍在本年所收斗租开支廉俸、工食、捕盗、兵饷、马乾余存项下次第兴办。以上拟请升设、添设各员，如蒙俞允，相应请旨饬部，颁发印信关防，以昭信守。奴才等为因地制宜起见，所有清界址、定缺分，并一切廉俸、役食，以及文武学额、弁兵饷乾，应行详议各事宜，谨缮清单并绘具拟升昌图府改设厅县全图贴说，恭呈御览，合无仰恳天恩，饬下部臣核议施行，实于地方大有裨益。其未尽事宜，容奴才等再行筹议，随时奏闻，理合会同奉天府府丞臣杨书香合词恭折具奏，伏乞皇太后、皇上圣鉴训示，谨奏。奉旨，该部议奏单片、图并发，钦此。部议照准。惟查通判非知府属员，拟设奉化厅一缺，应再酌核奏明办理。

清单

一各缺繁简应详定也。查昌图同知本系最要题调边缺，今拟升为昌图府。知府管辖一厅一县，及分防之经历、照磨等官，并自理地面各事，政务既繁，责成尤重，应请定为繁疲难。题调边要之缺，由外拣员升补，照原设同知之例，三年俸满，着有成效，由督抚出具考语，送部引见，俟旨简用。其添设之奉化厅通判、怀德县知县所管地面，俱系边地要区，蒙民兼理，应请均加理事同知衔，作为繁难。题调边要之缺，由外拣补。至旧设之八家镇经历、梨树城照磨，原系沿边调要之缺，今虽移设经历于康家屯，移设照磨于八面城，亦均分司巡缉兼理词讼，应请照旧均加六品衔，作为题要边缺。至司狱、巡典等官，虽无地方之责，而边外地广民顽，监狱尤关紧要，亦应于通省人员酌量调补，以期人地相宜，并请均加六品衔。所有该厅县佐均系边地要缺，三年俸满，应准保题升用，如不称职，随时分别撤参，以示劝惩，如蒙俞允，应请饬部铸造昌图府暨昌图府学教授、昌图府康家屯分防经历、昌图府八面城分防照磨、昌图府司狱各印信，奉化厅通判关防暨奉化厅学训导印记，奉化厅巡检兼典史各印信，怀德县、怀德县学训导各印记，以及怀德县典史钤记，迅即颁发，以昭信守。

一廉俸、工食应详定也。查昌图升设、改设之知府、厅县教佐各官，地居边要，事务殷繁，所有各官廉俸以及书役人等工食等款，拟照热河章程支给，间有情形不同之处，酌量变通，略为增减。除廉俸、办公银两按年支领，毋庸计闰外，其工食银两照例按月给发，遇闰照加。今拟昌图府知府养廉银二千两，俸银口百五两；门子二名，十二两，遇闰加一两；皂隶十二名，七十二两，遇闰加六两；民壮二十名，一百二十两，遇闰加十两；马快八名，一百三十四两四钱，遇闰加十一两二钱；轿伞扇夫七名，四十二两，遇闰加三两五钱；禁卒四名，二十四两，遇闰加二两；仵作二名，十二两，遇闰加一两；更夫五名，三十两，遇闰加二两五钱；铺司十四名，八十四两，遇闰加七两。共银二千六百七十九两六钱，无闰除银四十四两二钱。

昌图府教授俸银四十五两；斋夫三十六两，遇闰加三两；门子十二两，遇闰加一两；马夫六两，遇闰加五钱；膳夫六两六钱六分七厘，遇闰加五钱五分。共银一百一十两七钱一分七厘，无闰除银五两五分。

昌图府司狱养廉银七十一两五钱二分，俸银三十一两五钱二分；门子六两，遇闰加五钱；皂隶、民壮各二十四两，遇闰加二两；马夫六两，遇闰加五钱。共银一百六十八两四分，无闰除银五两。

昌图府康家屯经历养廉银一百二十两，俸银四十两；门子六两，遇闰加五钱；皂隶二十四两，遇闰加二两；马夫六两，遇闰加五钱；民壮十六名九十六两，遇闰加八两；马快二名三十三两六钱，遇闰加二两八钱。共银三百三十九两四钱，无闰除银十三两八钱。

昌图府八面城照磨养廉银七十一两五钱二分，俸银三十一两五钱二分；门子六两，遇闰加五钱；皂隶二十四两，遇闰加二两；弓兵十六名九十六两，遇闰加八两；马夫六两，遇闰加五钱。共银二百四十六两四分，无闰除银十一两。

奉化厅通判养廉八百两，俸银六十两，办公银二百两；门子十二两，遇闰加一两；皂隶十二名七十二两，遇闰加六两；马快八名一百三十四两四钱，遇闰加十一两二钱；轿伞扇夫四十二两，遇闰加三两五钱；民壮二十名一百二十两，遇闰加十两；禁卒二十四两，遇闰加二两；仵作十二两，遇闰加一两；更夫三十四两，遇闰加二两五钱；铺司八十四两，遇闰加七两。共银一千六百三十四两六钱，无闰除银四十四两二钱。

奉化厅训导俸银四十两；斋夫三十六两，遇闰加三两；门子十二两，遇闰加一两；马夫六两，遇闰加五钱；膳夫六两六钱六分七厘，遇闰加五钱五分。共银一百五两七钱一分七厘，无闰除银五两五分。

奉化厅巡检养廉银七十一两五钱二分；俸银三十一两五钱二分；门子六两，遇闰加五钱；皂隶二十四两，遇闰加二两；民壮二十四两，遇闰加二两；

马夫六两，遇闰加五钱。共银一百六十八两四分，无闰除银五两。

怀德县知县养廉银八百两，俸银四十五两，办公银二百两；门子十二两，遇闰加一两；皂隶七十二两，遇闰加六两；马快一百三十四两四钱，遇闰加十一两二钱；禁卒二十四两，遇闰加二两；轿伞扇夫四十二两，遇闰加三两五钱；仵作十二两，遇闰加一两；铺司八十四两，遇闰加七两；更夫三十两，遇闰加二两五钱；民壮一百二十两，遇闰加十两。共银一千六百十九两六钱，无闰除银四十四两二钱。

怀德县训导俸银四十两；斋夫三十六两，遇闰加三两；门子十二两，遇闰加一两；膳夫六两六钱六分七厘，遇闰加五钱五分；马夫六两，遇闰加五钱。共银一百五两七钱一分七厘，无闰除银五两五分。

怀德县典史养廉银七十一两五钱二分，俸银三十一两五钱二分；门子六两，遇闰加五钱；皂隶二十四两，遇闰加二两；民壮二十四两，遇闰加二两；马夫六两，遇闰加五钱。共银一百六十八两四分，无闰除银五两。

以上无闰之年统共应支廉俸、办公、工食等银七千一百五十七两九钱六分一厘，遇闰共应加银一百八十七两五钱五分，均在斗租项下动拨，应请即由各府厅县照数按季支用实银，以资办公。除囚粮一项例无定额，仍旧由承德县支领外，其余向在承德县支领，廉俸、役食概行停止，以归覈实。拟再于新设之奉化、怀德两学，每年于斗租项下各拨实银二百两，发由该两学训导，以为月课生童奖赏之用，藉以培养人才，振兴教化。

一文武学额应详定也。查昌图厅自设立学校以来，士知向学，人文日盛，习武诸童亦各技艺娴熟，志切鹰扬。今该厅既升为府治，并升设府学教授，添设厅县两学训导，自应议增学额，以广教化。旧设昌图厅文学四名、武学二名。历年以来，科岁两试皆由该厅拨入奉天府学一名，今拟请增文学四名、武学四名，定为昌图府文学额八名、武学额六名，其原拨奉天府学一名，应仍归入奉天府属取进。新设之奉化厅、怀德县两学，拟请每学均定为文、武学额各四名。该厅县文武童生由该厅县录送昌图府考试后，再送院考。至昌图府自理地面文武童生则由该府录取，迳送学院考取。惟一时尚未修建考棚，应仿照直隶易州之例，该府厅县文武童生均赴省城院试，以归简易。

一弁兵饷乾应详定也。查奉省各州县原设之捕盗营弁兵外委每员每月饷乾银八两，马兵每名每月饷乾银五两四钱。遵照部定章程，不计大小建，按月给发八折实银，外委每员六两四钱，马兵每名四两三钱二分。今拟于昌图原设捕盗营马兵八十名之外，再行添设二百名。该处地面辽阔，俗悍民顽，缉捕梭巡，极关紧要，自应添设马兵，并添设外委四员，管带交昌图府分拨。所属厅县暨各分防调遣，所需饷乾应仍照章，均按八折实银发给。计外委四员，每月应发饷乾实银二十五两六钱，马兵二百名，每月应发饷乾实银八百六十四两，统计每年共应发饷乾实银一万六百七十五两二钱，遇闰加银八百八十九两六钱，均在该府斗租项下支销。其昌图原设之捕盗弁兵各饷乾应仍照旧办理。现计昌图每年可收斗租银二万一千余两，除动拨各官廉俸、办公银两及书役工食等款，并支销添设之捕盗营外委、马兵饷乾外，每年尚应余银三千二百余两，遇闰亦应余银二千一百余两。拟即作为修建衙署、监狱，并制造军械、旗帜、号衣，以及犒赏各兵之用。

奏陈筹办东边事宜折

光绪三年正月，署将军崇厚会同户部侍郎岐元、奉天府府尹恩福具奏。奏为奉省边务南路办理已有成效，北路亦经具有规模，亟应添设地方官，权宜试办，以资治理，而固民心。恭折仰祈圣鉴事。窃查奉省东边外南北延袤千有余里，东西相距亦数百里至数十里不等。上年凤凰边门外东沟一带丈清地亩之后，随经前署将军崇实奏明，设立安东一县委员。试办迄今一年之久，地方公事渐经办有条理，民心亦尚帖服。上年应征钱粮俱已扫数完纳。其安东以北叆阳、碱厂、旺清三门外，并凤凰城沿边，以及通沟各处地亩续经总办边务候补道陈本植知府、恒泰提督左宝贵督饬各员分路设局，逐段清查。现据旗民各户赴局投报者，约可增至七十余万亩，合之安东县上年升科五十三万余亩，及前数年已报升科之五十余万亩，通计熟地不下一百七十余万亩。此外，未经清丈之地无多，所有安东一县，元年已收押荒者，二年起征钱粮，其前此已经升科之地，则照章纳粮，势难再办押荒。此次续行丈出之地，则先收押荒，再行起征钱粮，以每亩征银三分计之，以一分津贴各州县办公。统俟一律丈完升科之后，每年约可征收正款银三万数千余两。此外，苇塘为数无几，山货、杂货、粮石、斗租及烧锅各税，甫经试办，亦难约计成数。至木税一项，元年因东沟贼匪甫经荡平，其多年堆积木植，均行下运，商贾云集，征收较旺，共收东钱九十余万吊。二年，则木植下运渐少，商贩亦稀，仅收东钱五十万吊有零。查此项木植来源，现离水次较远，下运渐难，税自渐少，岁入确数势难预定。奴才崇厚、恩福到任后，节据陈本植等禀报前情，正在核办间。奴才崇厚承准军机大臣字寄，奉上谕恩，合奏东边新垦地亩请添设旗署招佃旗丁，无庸添练勇营各折片，着崇厚体察情形，妥议具奏等因，钦此。奴才等当即公同商酌，该副都统原奏不为无见，除所陈添练勇营一条，另行附片覆奏外，查前署将军尚书崇实以边外结庐耕种业已多年，不特各处流民托以为业，即各旗闲散亦不免藉地营生。因而推广皇仁，奏办升科纳税等事，以为化私为官之计，而边氓甫经向化，若必区分旗民，畸轻畸重，又恐不足压服众心，所以奏请但凡认地开垦者，一律编入户口册籍，以示旗民一体之意，仰蒙圣明洞鉴恩准在案。而所编册籍，复经前署将军尚书崇实饬令各委员等，均于本户名下分别注明"旗民"字样，以杜改旗为民之弊，是该副都统所虑旗人隐名于民圈报地者，前署将军尚书崇实固已筹及此也。至此次投报升科，每户或数十亩，或数百亩不等，皆系各管各业，尚无套报情事。该副都统所称，一人任意指报极多，可以分段出兑招佃，旗人此事或指从前而言，与现在情形又不相同。其所称边外添设旗署一节，查奉省边内，前此本系旗多于民，嗣则旗民聚处，所以各城设立城守尉、协佐等官，又设州县官，以便旗民分治。边外则民多于旗，且旗人不过民人十分之一二。奉省州县各官，业经奏准，不论满汉，一律请补，均加理事同知通判衔。现在设立州县，照旧加衔请补，即可旗民兼理。奴才等察看边务现所最要者，上年试设之安东县，仅管迤南一隅之地，迤北一带幅员辽阔，现经清查地亩，业有成数，若不即行添设州县委员试办，则散而无纪，不足维系人心，当经扎调陈本植来省，面加询问，逐细筹商。目下，亟应择地设官，修筑营堡，建置衙署兵房，以为经久之计。因拟于六甸之宽甸添设一县，即名宽甸县，六道河添设一县，名曰怀仁县，头道江添设一县，名曰通化县，分疆划界，委员试署，并于每县各设巡检一员，管典史事。但此三县所辖地面较广，尚须踩择地势，添设分防佐杂各官，以资襄理。其宽甸县即与已设之安东县及边内改设之岫岩州，统归凤凰厅管辖，怀仁、通化两县则归兴京厅管辖。庶几，地方有所责成，既免人心涣散之虞，尚有未经丈完之地，亦可由各该县会同委员等就近查勘。所有各处分局，当即酌量裁撤归并，以节经费。惟先后既经改设二厅一州四县，则前署将军尚书崇实原拟于凤凰城添设边关兵备道一员，亦应及时设立，派员试署，俾令提纲挈领。巡视东边边外地方，南北相距迢遥，奴才等体察情形，公同商酌。夏初，南路江海之交，帆樯云集，该道应驻东沟一带，稽查水税，慎重海防。秋后水涸冰凝，北路边防紧要，又应驰赴头道江以上，弹压督催，征收一切。迨至冬末，再回凤凰城，清厘公件。一年之间，南北分巡周历，始能彼此兼顾。至于边外扼要之地甚多，且北接吉林防务，尤关紧要。现时东边驻扎，本省并客兵各队，已有两千数百名之多，将来边外非留重兵，不能镇慑。奴才等再四思维，惟有将奉省议准，满汉练军酌拨数营，换防驻守，若无统领之员，不足以资控制。查兴京副都统系驻旺清门内，离边较近，所有边外各军统归节制。现任副都统色楞额、道员陈本植本系奏派将军翼长，应即仿照各省镇道体制，兴京副都统及边关道会同办理东边防务，仍兼充将军翼长。惟边关道南北分巡，须有亲兵以备缓急。拟将前设大孤山步队及边外新添各兵，设立道标马兵二百名，步兵五百名，作为两营，归由该道亲统。所有该副都统节制之兵，亦准该道调遣，庶文武和衷共济，始足绥靖地方。除绘具边外地图贴说，咨呈军机处备查外，其余未尽事宜，奴才等当随时体察情形，悉心筹画，妥议具奏，请旨遵行。所有奴才等拟于东边外南北路先行添设文武大员，并地方官权宜试办缘由，是否有当，谨合词恭折具奏，伏乞皇太后、皇上圣鉴训示遵行，谨奏。奉旨该部议奏，钦此。部议照准。惟查兴京系属尊称，请将兴京理事通判改为兴京抚民同知，领新设之怀仁、通化两县，仍兼理事同知衔，不得改称直隶厅，亦不得直称兴京厅，以符体制，奉旨依议，钦此。

奏陈详定东边章程折

光绪三年七月，署将军崇厚会同户部侍郎岐元、奉天府府尹恩福具奏。奏为奉省东边外地亩现经丈量完竣，谨将应行筹议各事宜胪列条款，缮单恭呈御览，请旨遵行。恭折仰祈圣鉴事。窃准部咨。奴才等前奏东边外应行设官添兵一折，经部会议核准奏，奉谕旨依议，钦此。奴才等钦遵之下，感激莫名，伏查东边外，自元年剿平东沟之后，旋将庙儿沟、通沟次第荡平，地方一律肃清，流民均经向化，所有边外各地亩仰蒙天恩，准予普律升科。经前署将军尚书崇实等遵照同治年间王大臣原议，以边外之所出供边外之所需，奏派总办边务道员陈本植、知府恒泰、提督左宝贵督饬各委员分段绳丈，并筹办木税等事，以为设官添兵之费。现经陈本植等逐一查清统计，边外前后升科各地共一百八十万三千余亩，其新丈之一百二十九万八千余亩，每亩年收正课银二分、耗羡银一分，并于开办之始，每亩收压荒东钱一千，按户给领地照，俾令各安生业。缘上年边外歉收，尚有压荒东钱二十九万余千，展至今年秋后补交。其前数年边外呈报升科五十万五千余亩之地，从前本未办过压荒，今若概令补交，未免徒滋纷扰，自应仰体皇仁，免其补交压荒钱文，以示体恤。其原收每亩地租制钱三十丈，作银三分，现亦改为正课银二分、耗羡银一分，一体征收，以免畸轻畸重。即将新旧升科各地分拨各厅县，实力稽征，除耗羡一分津贴厅县办公外，每年应征正课银三万六千两有零。至木税来源渐少，税亦减少，此项木税并苇塘、山货、粮货、斗租、烧锅各税，均难预定成数，一时只有尽征尽解，俟试办一二年后，当再察看情形，酌定岁额。惟边民甫经向化，良莠不齐，抚绥弹压均关紧要。虽经部议，准设安东、宽甸、怀仁、通化四县，而地方辽阔，仍恐鞭长莫及，应于离县较远之处添设分防各官，捕拿贼盗，并稽查赌博，弹压地方，庶几星罗棋布，免致顾彼失此之虞。并将奏准之道标马步各队简练成营，以资镇慑，其兵力不敷分布之处，已由奴才崇厚酌派客军并旗绿练军扼要驻守。现在兴京副都统与东边道均充将军翼长，无论旗绿各兵，该副都统暨该道俱可节制调遣，但该道简练官兵，稽征木税、苇塘、粮货等税，一年之间，南北分巡，周历边隘，改设之兴京抚民同知、凤凰直隶同知，自理地面徒罪以上刑名案件，均解凤凰城，由该道审转。若该道在外分巡，委员代讯，仍由道核转，俾免疏虞。其分隶兴京、凤凰厅属各州县，徒罪以上各案，自应详由该同知审转。东边一带各厅州县，遇有匪徒聚众及抢劫滋事，决不待时之案，应仍由东边道就近讯明，禀请法办，庶足以镇压地方。此次陈本植因公晋省，当经奴才等向其逐细商榷，通盘筹画，目下地亩既经查清，所有地方应行兴办各事，自应赶紧筹办，以免稽迟，所需款项即在办理善后余存边外压荒、木税、苇租及各杂税项下动用。并查历年所征边外每亩三十文地租，原备边务之需，前已陆续动拨，所存无多，即可统充此次费用，免再另请他款，以符原议。计修建城垣、衙署、营房各费，共需银十五万数千余两，现在边务所存余款尚属不敷，俟今秋、明春续收各项税款，再行凑拨动用。至各厅县起征钱粮系属正供，将来应归道标马步队饷乾之用，不敷银两再由木税项下动支。其耗羡一分，原系津贴各厅县办公，嗣后，边外各县养廉、俸工、役食、马拨等款即在一分耗羡之内支销。兴京、凤凰两厅征收无几，该同知并东边道及教佐各官养廉、俸工、役食等款应归各项税款动支，按年造报，以昭核实。除道、厅、州、县等官应即遴员试署，并撰拟字样，咨部颁给关防印信外，所有缺分繁简，并添设分防、振兴学校以及修城垣、建衙署、盖营房、立马拨暨廉俸饷乾各事宜，详加拟议，谨缮清单，恭呈御览，合无仰恳天恩，饬下部臣核议施行，实于边务地方大有裨益。其余未尽事宜，容奴才等再行筹议奏闻，理合会同奉天府府丞兼学政臣王家璧合词恭折具陈，伏祈皇太后、皇上圣鉴训示，谨奏。奉旨，该部议奏单并发，钦此。部议照准。惟开支各项议令减成给发，凤凰厅文武学额应从岫岩州学酌量抽拨，奏明办理。谨将东边外拟设道厅县教佐等官缺分繁简，并添设分防、增设学额暨建立城垣、衙署、营房以及马拨、廉俸、饷乾应行详议各事宜，胪列条款，恭呈御览。

一分别繁简，以定缺分也。查新设东边道一缺，驻扎凤凰城，统辖二厅一州四县，巡察边防，督征税课，节制营伍。一年之间，南北分巡，政务殷繁，责成尤重，应请定为分巡。奉天东边兵备道管理凤凰城等处地方，作为题奏请补最要之缺，其改设之凤凰、直隶同知一缺，既有自理地方之责，兼辖岫岩、安东、宽甸三州县，地处边围，政务繁要，请定为冲繁难，题调奏补要缺。兴京抚民同知一缺管辖边外北路通化、怀仁二县，地方辽阔，复有自理之责，应请定为繁疲难。近边升补要缺，均加四品顶戴，兼理事同知衔。至新设之安东、宽甸、怀仁、通化四县，俱系边地要区，事繁责重，除怀仁一县拟作为疲难，升补边要中缺外，其余三县均请定为繁疲难，题调奏补边要繁缺，均加理事通判衔。并拟以上厅州县各缺，仿照热河章程，先尽边内现任同通州县，无论满汉，拣员升补，如无合例堪调之员，即由候补委用熟悉边务人员内，拣员试署，一年期满。如果办理裕如，再请实授统照边缺，定为三年俸满，著有成效，由督抚出具考语保荐，以应升之缺升用。至岫岩理事通判管知州事一员，虽改隶凤凰直隶厅管辖，该通判本系近边最要之缺，一切升补向有定章，毋庸另议。

一添设分防以襄治理也。查新设之通化县，北至柳树河，东至帽儿山，距县均三百余里，且界连围场，与吉林接壤，匪徒最易混迹。拟于柳树河添设县丞一员，帽儿山添设巡检一员。新设之怀仁县所辖江东地面，与通化县以七十二顶子分界，该县通沟口地方距县三百余里，内阻浑江，外连碫江，接壤朝鲜，尤为扼要，其西界近边之四平街距县亦约二百里，向为盗贼渊薮。拟请于通沟口、四平街各设巡检一员。又宽甸县属之二龙渡距县虽不足二百里，但人烟稠密，地处通衢，其下游长甸河口距县亦将二百里，并与朝鲜一江之隔，民情刁悍。拟请于二龙渡添设巡检一员，长甸河口添设县丞一员。惟安东县地面较窄，毋庸添设分防。兴京抚民同知亦可毋庸再设分防，第既管辖二县，应设府经历兼管司狱一员，以便管理监狱。至凤凰同知，虽在边内，而自理地面，北至赛马集有二百里之遥，向有马贼出没。拟于该处添设巡检一员，并请将凤凰厅新设司狱一员作为府经历，管司狱事，其原设凤凰巡检一员，现已移设孤山海口，应即改为孤山巡检。再东边道既有督征税课钱粮之责，亦应添设道库大使一员，作为丰盛库大使，由候补从九品内拣员。请补安东、宽甸、怀仁、通化四县，并应各设巡检一员，管典史事。以上府经、县丞、巡检、典史各缺，均系边外及近边要缺，拟仍照章由边内升调。如无合例堪调之员，即由候补委用熟悉边务各员内拣员试署，一年期满，再请实授统照边缺。三年俸满，果能着有成效，即行保题升用。如若不职，随时参核，以示劝惩。

一振兴学校以维风化也。查兴京发祥重地，二百余年，涵濡教育，士知向学，向来该处生童均附承德县考试，今既改设抚民同知，自应添设学校，培养根本。至凤凰厅地面，向归岫岩管辖，未经设立学校，今既添设直隶同知，人文渐盛，亦应推广学额。而该厅所辖之一州二县，除岫岩州原定文武学额应仍其旧，其安东、宽甸二县，并兴京抚民同知所辖之怀仁、通化二县，地处边外，民间垦种结庐，历有年所，既宽以生聚休养之恩，宜被以□□诗书之泽，庶可化梗顽而归敦朴。拟请添设兴京学、凤凰厅学教谕各一员，每学均定为文学额三名，武学额二名。通化、怀仁、宽甸、安东四县各定文学额二名，武学额一名，分隶兴京、凤凰两学，一时未能修建考棚，应由该管同知考试后，送至省垣，由学政录取。将来文风日盛，应仍于各县建学增额，以广圣世同文之化。所有该教谕并东边兵备道、兴京抚民同知、凤凰直隶同知、岫岩通判管知州事，暨安东、宽甸、怀仁、通化四县知县，以及分防府经历、县丞、库大使、司狱、巡检、典史各缺，相应请旨饬部，铸造关防印信、钤记、印记，迅即颁发，以昭信守。

一修筑城垣以昭巩固也。查边外新设各县，向无城围可资保卫，其安东、怀仁、通化三县，现拟每县□□土城，分开城门，用砖坚砌，上盖门楼各一座，城根用石块填砌，城墙现用土坚筑，顶盖灰土，垛口用砖砌成。每城周围约以三里为率，从减核估，每处城垣约须工料实银一万四千余两。每城外挑城河一道，约需工价银三千余两。至宽甸地方旧有石堡，年久倾颓，仅有基址，今既添设县治，自应一律修葺，拟仍旧址修补坚固。该城周围不下六里有奇，添砌石土，购办砖灰，从减估计，亦需工料实银一万二千余两。统计新筑修补城垣四处，共需工料实银六万数千余两。现因款项不敷，是以先筑土城，俟明年秋收后，税租各项如收有盈余，再行续估，将城墙用石块包砌，以期经久坚固。至兴京抚民同知、凤凰直隶同知，均驻扎边内，人烟稠密，街道宽阔，若一体筑城，需费浩繁，拟俟将来边务收款充裕，再行修筑。

一建置衙署以立体制也。查东边一带地处荒僻，现既添设道、厅、州、县教佐等官，自应建立衙署，俾资办公。东边道系驻凤凰城，应在该处置买房地，修盖衙署，估需买价，并修盖工料等项，实银八千余两。又添设道库大使衙署，估需工料实银一千三百两。又凤凰城旧有巡检衙门，年久倾圮，且地势狭隘，今既改设同知，应于两旁添买房地，扩充基址，建同知衙署，并府经历兼司狱衙署、监狱，计同知衙署添买房价，并工料估需实银五千五百余两，府经历兼司狱衙署，估需实银一千三百两，监狱估需实银一千五百两。又兴京同知现已移设新兵堡，亦应另建衙署，估需工料实银五千五百余两。该厅府经历兼司狱衙署，估需实银一千三百两，监狱估需实银一千五百两。又新设安东、宽甸、怀仁、通化四县，□县衙署估计各需实银五千五百余两。每县巡检管典史事衙署，估计各需实银一千三百两。监狱每座估计各需实银一千五百两。又新设通化县柳树河县丞、宽甸县长甸河县丞、通化县帽儿山巡检、怀仁县通沟口巡检、四平街巡检、宽甸县二龙渡巡检、凤凰厅赛马集巡检，其分防县丞、巡检各处，应建衙署七座，每座估需实银一千三百两，统计建造各衙署并监狱共估需工料实银六万数千余两。至文□□教□公所，应俟踩择地基，另行勘估，再请兴办。

一盖造营房以屯弁兵也。查边外地方甫定，需兵弹压，现既添设道标亲兵，又由省城调拨练兵换防驻扎，自应修盖营房，以资屯守。惟扼要之处甚多，若普律兴修，急难筹此钜款。拟请于新设各县，每县先修兵房一处，每处修官房三间，兵房六十间，计四县应修官房十二间，兵房二百四十间。并于柳树河、帽儿山、通沟口、四平街、二龙渡、长甸河各分防衙门，每处亦各修官房三间、兵房二十间，计六处共修官房十八间、兵房一百二十间，以为省城分拨练兵换防驻守之所。其道标马队二百名、步队五百名，分驻凤凰城及边外地方，应盖马队官房三间、兵房四十间、马棚二十间，步队官房六间、兵房一百间、收放各色军火器械并钱粮等项库房十间，计道标马步队应盖兵房一百四十间、库房十间、马棚二十间。统计换防练军及道标亲兵共应修盖官房三十九间，每间估需实银五十五两，兵房五百间，每间估需实银三十八两，库房十间，每间估需实银六十两，马棚二十间，每间估需实银三十两，通共官兵应行修盖营房马棚共五百六十九间，估需工料实银二万二千余两，应即及时修盖，以资屯守。

一设立马拨以通文报也。查边外幅员辽阔，人心甫定，新设各县一切文报最关紧要。该处驿递不通，并无墩铺，若非设立马拨，分头接递，不足昭严密而期迅速。边外里数较大，兼以山路崎岖，草料食用皆远处购备，价值昂贵。现拟酌定，每三十里设马拨一处，每处设马三匹、马夫三名、钞书一名。每马一匹，日支料草银九分，马夫每名日支银八分五厘，钞书每名日支银八分五厘。以每处马三匹、马夫三名、钞书一名计之，应日支银六钱一分。计自安东县西北至凤凰同知驻扎之凤凰城一百五十里，应设马拨五处，西南至东边道夏令驻扎之东沟地方一百里，应设马拨三处，东北至宽甸县交界地方一百里，亦应设马拨三处。安东县共马拨十一处，应马三十三匹，马夫三十三名，钞书十一名，日支银六两七钱一分。又自宽甸县西南至安东县交界地方二百一十里，应设马拨七处，东北至怀仁县交界地方二百里有奇，亦应设马拨七处。宽甸县共马拨十四处，应马四十二匹，马夫四十二名，钞书十四名，日支银八两五钱四分。又自怀仁县西南至宽甸县交界地方一百七十里有奇，应设马拨六处，东北至通化县交界地方一百五十里，应设马拨五处，怀仁县共马拨十一处，应马三十三匹，马夫三十三名，钞书十一名，日支银六两七钱一分。又通化县西南至怀仁县交界地方一百六十里，应设马拨五处，西北至兴京抚民同知驻扎之新兵堡二百七十里，应设马拨九处。通化县共马拨十四处，应马四十二匹，马夫四十二名，钞书十四名，日支银八两五钱四分。统共边外四县共设马拨五十处，应马一百五十匹，马夫一百五十名，钞书五十名，每日共支银三十两五钱，遇闰月年加增，遇小建月照扣，应即责令各该县核实支销，按年造报。

一详定廉俸以资办公也。查新设东边道暨厅县教佐等官，地处边要，事务殷繁，所有各官廉俸，以及差役工食等款，拟照热河章程核定，间有情形不同之处，酌量增减。除廉俸及办公银两按年支领，毋庸计闰外，其工食银两，按月发给，遇闰照加。今拟东边道即照驿巡道酌定养廉银三千两，俸银一百三十两，书吏十六名，照例不给工食，其余每年应给工食银，马快十二名七十二两，遇闰加六两，门子四名二十四两，遇闰加二两，库丁八名五十七两六钱，遇闰加四两八钱，轿伞扇夫七名五十两四钱，遇闰加四两二钱，皂隶十二名八十六两四钱，遇闰加七两二钱，厅事吏二名十四两四钱，遇闰加一两二钱，铺兵二名十四两四钱，遇闰加一两二钱，共银三千四百七十五两八钱，无闰之年，除银二十六两六钱。道库大使养廉银七十一两五钱二分，俸银三十一两五钱二分，门子一名六两，遇闰加五钱，皂隶四名二十四两，遇闰加二两，民壮四名二十四两，遇闰加二两，马夫一名六两，遇闰加五钱，共银一百六十八两四分，无闰除银五两。兴京抚民同知、凤凰厅直隶同知，拟均酌定养廉银一千两，俸银八十两，办公银四百两，除祭祀银两及囚粮柴薪照例报销，并书吏六名，例不给工食外，每年应发工食银，门子二名十二两，遇闰加一两，皂隶十二名七十二两，遇闰加六两，马快八名一百三十四两四钱，遇闰加十一两二钱，轿伞扇夫七名四十二两，遇闰加三两五钱，更夫五名三十两，遇闰加二两五钱，民壮二十名一百二十两，遇闰加十两，禁卒四名二十四两，遇闰加二两，仵作二名十二两，遇闰加一两。两厅同知各应银一千九百六十三两六钱，无闰各除银三十七两二钱。查兴京理事通判现已改设抚民同知，其通判原领俸工应行停止，合并声明。又兴京抚民同知、凤凰直隶同知均添设府经历兼司狱各一员，拟酌定养廉银一百二十两，俸银四十两，其每年应给工食银，门子一名六两，遇闰加五钱，皂隶四名二十四两，遇闰加二两，马夫一名六两，遇闰加五钱，民壮十六名九十六两，遇闰加八两，马快二名三十三两六钱，遇闰加二两八钱。每处经历各应银三百三十九两四钱，无闰各除银十三两八钱。又兴京、凤凰两学教谕各一员，每员俸银四十两，斋夫六名三十六两，遇闰加三两，门子二名十二两，遇闰加一两，马夫一名六两，遇闰加五钱，膳夫一名六两六钱六分七厘，遇闰加五钱五分。每学教谕各应银一百五两七钱一分七厘，无闰各除银五两五分。又新设通化、怀仁、宽甸、安东四县，每县拟各定养廉银八百两，俸银四十五两，办公银二百两，除祭祀银两及囚粮柴薪照例报销，并书吏不给工食外，其余每年应给工食银，门子二名十二两，遇闰加一两，皂隶十二名七十二两，遇闰加六两，马快八名一百三十四两四钱，遇闰加十一两二钱，禁卒四名二十四两，遇闰加二两，轿伞扇夫七名四十二两，遇闰加三两五钱，仵作二名十二两，遇闰加一两，更夫五名三十两，遇闰加二两五钱，民壮二十名一百二十两，遇闰加十两。计四县每县各应银一千五百二十八两六钱，无闰各除银三十七两二钱。又通化县之柳树河、宽甸县之长甸河两处，各设分防县丞一员，每员应岁支养廉银一百二十两，俸银四十两，门子一名六两，遇闰加五钱，皂隶四名二十四两，遇闰加二两，马夫一名六两，遇闰加五钱，民壮十六名九十六两，遇闰加八两，马快二名三十三两六钱，遇闰加二两八钱。每县丞一员，各应银三百三十九两四钱，无闰各除银十三两八钱。又凤凰厅之赛马集、怀仁县之通沟口及四平街、通化县之帽儿山、宽甸县之二龙渡五处，每处各设分防巡检一员，并安东、宽甸、怀仁、通化四县，各设巡检管典史事一员，每员应岁支养廉银七十一两五钱二分，俸银三十一两五钱二分，各应门子一名六两，遇闰加五钱，皂隶四名二十四两，遇闰加二两，民壮四名二十四两，遇闰加二两，马夫一名六两，遇闰加五钱，每员各应银一百六十八两四分，无闰各除银五两。以上道厅教佐等官，无闰之年共应支养廉、办公、役食实银一万六千四百一两七钱三分四厘，遇闰加银三百六十五两一钱。

一筹议饷乾以立营制也。查新设道标马队二百名、步队五百名，作为两营，现经部议核准，应即简练成营。前经奏明，道标两营，饷乾一切均照直隶练军章程。今步队五百名为一营，核与直隶练军人数相符，应即照章办理。马队二百名为一营，与直隶二百五十名分作五哨略有不同，自应仍以五十名为一哨，照分四哨，其饷乾公费柴薪银两，按照四哨支放。至营官一员，帮带二员，字识一名，饷乾薪水及所用马匹、马夫、伙夫等项，既已成营，无可核减，应仍按照直隶练军支放，以符定章，所有马步队遇有出征拔营等事，亦应统照直隶章程办理，拟请定为靖边左右两营练军，所用饷乾银两按年造报核销。至马队需用之鞍鞴扎、铁嚼、铡草刀、麸料口袋，并步队号衣等项，照章由各该营置买，只准报销一次。其两营需用枪炮子药，由省发给；刀、矛、旗帜等项，应由该道置办，核实报销。

奏请奉化改县片

光绪三年十月，署将军崇厚、奉天府府尹恩福会奏，再准部咨，以奴才等前奏昌图厅升为府治，拟设奉化厅通判一缺，归由该府统辖，体制不符，令再核议等因，奉旨依议。钦此钦遵。咨会前来，自应遵照办理。奴才等公同商酌，应请将拟设奉化厅通判改设奉化县知县，加理事同知衔，并设典史、训导各一员，一切章程均照怀德县一律办理，请旨饬部速议施行，理合附片具陈，伏乞圣鉴，谨奏。奉旨该部速议具奏，钦此。嗣准部咨，奉化厅通判准为改为奉化县知县，余照所议办理。

奏请东边各官廉俸役食马拨并修建工程照发实银折

光绪四年三月，署将军兼总督崇厚会同府尹行巡抚事恩福具奏。奏为东边各官廉俸役食马拨并修建工程应请照数给发实银，以重地方而求实济，恭折具陈，仰祈圣鉴事，窃准部咨。以奴才等前奏筹议东边应办各事宜，按照条款议覆奏，奉谕旨依议，钦此钦遵，咨会前来。奴才等查地方建置诸事均经各部会议核准，自应遵照办理，即工程马拨银两亦经议准照办。惟户部议令删减，按照折扣章程支放在部，臣综覈度支，固应力图撙节，但自钦差刑部尚书前署将军崇实开办边务以来，叠奉上谕饬令，实事求是，量予变通，所以事事认真，务求实济，遵照王大臣等原议，以边外之所出供边外之所需。奴才崇厚、恩福抵任后，所有一切事宜悉行遵照办理，入款必令涓滴归公，出款毋许丝毫浮冒，冀可量入为出，不必另请款项。而边疆紧要，又须遇事变通，始足以资治理，故于各官廉俸、役食请发实银，庶几，养其廉隅，俾知自爱。马拨及各项工程亦经再三核减，估计实银免致办公竭蹶，转生弊窦，原以实事求是，事在创始，本无例案可循，今既经核实酌定，复绳以折扣章程，不特不敷应用，势必无从措手。谨将一切情形敬为皇太后、皇上陈之。边外流民甫经向化，良莠不齐，必须上下相孚，始能积渐观感，地方官稍失检点，害即立见，弊亦日深。既任以边疆繁剧之区，复申以廉洁自持之戒，倘不量加体恤，何能为地择人。东边道为东边阖属表率，首重责成，因定养廉银三千两，俸银一百三十两。同知有兼辖之权，知县有地方之责，酌定同知养廉银一千两，俸银八十两，知县养廉银八百两，俸银四十五两。只以边疆瘠苦异常，无可把注，复定为同知办公银四百两，知县办公银二百两，其余教佐各官廉俸以次递减，役食等□亦因边地情形苦累，所有书差杂役均系招募出边，每年每名十余两至数两不等，今若并此均行折扣，令其枵腹从事，何以办公？□边地钱粮，经前署将军尚书崇实议以一分耗羡，津贴地方官办公，奏明，奉部议准在案。现定各县廉俸役食马拨即在此项一分之内支销，更可毋庸删减折扣，此廉俸役食应给实银之实在情形也。至于设立马拨原因，边外重山复岭，道路崎岖，各厅县相距迢遥，既须文报往来，相连一气，并无墩铺可接，驿站可通，稍有稽迟，关系地方军报，故拟每三十里设马三匹，马夫三名，抄书一名，每马一匹日支草料银九分，马夫及抄书每名日支银八分五厘，较之各驿站设马数十匹至十余匹者，情形自不相同。若马匹既经核减，复绳以折扣章程，则养赡不敷，必致有名无实。至收发文报，必须填载月日时刻。户部议以奉省各站，并无抄书名目，嗣后倘有稽延遗失，将从何处稽查，此抄书之仍须照设，并马乾、马夫应给实银之实在情形也。修建各工，如城垣一项，边内之兴京、凤凰两厅治，现因边款未充，请从缓办。其安东、宽甸、怀仁、通化四县，远悬边外，地当冲要，若非赶紧建城，难资保卫。石砌城根，土筑城墙，灰盖墙顶，砖砌垛口，周围数里，环挖濠沟。每城估需实银一万七八千两，并不为多。且宽甸一县，既有旧址可修，虽里数加倍，亦即从实减少，估以实银一万二千余两。如此层层核实，比之他处工程，实属有减无增，岂可再行折扣？衙署一项，东边道挖制边疆，具有体制，置买房地，并修盖工料，估以实银八千余两。厅县刑钱所汇案牍繁多，地址房间势亦不能过隘，口估以实银五千五百余两。至于杂佐各官，既系公所亦须，略具规模，各估以实银一千三百两，监狱每座则估以实银一千五百两，并工料地价均在其内，实已力加撙节。营房一项，边界辽远，民气未纯，弹压巡防均关紧要，既应择其要区屯兵镇慑，则官房、库房、兵房、马棚皆属必不可少。现在官房每间估以实银五十五两，库房每间估以实银六十两，兵房每间估以实银三十八两，马棚每间估以实银三十两，不过因陋就简，略资休息。统计道标马队二百名，步队五百名，加之省城随时拨兵换防，兵数众多，地方困苦，原估房间工料本已力从核减，今若再按折扣章程，更属不能兴办。此修建各工程，业经按照实银核实估计，不能再行折扣之实在情形也。总之，边外甫经平定，创办一切均须因时制宜，若不酌量变通，断难求其实济，况边地情形不特与各省不同，即与奉省边内地方亦有区别，建置事宜系在创始，本无例案可循，自非他处所得援以为例，现复筹度，至再不敢不将一切实在情形据实牍陈。仰恳天恩俯念边疆紧要，所有廉俸役食马拨并修建城池兵房衙署各工程，特恩准予按照奴才等原奏数目，免其减扣，概给实银，方能及时兴办，不致中辍。奴才等为实事求是起见，除凤凰厅学额容再酌定，另行覆奏外，谨会同恭折具陈，伏乞皇太后、皇上圣鉴训示。谨奏，请旨。奉旨，另有旨，钦此。

奏请昌图俸廉役食仍请支给实银折片

光绪四年三月，署将军兼总督崇厚会同府尹行巡抚事恩福具奏，再准部咨，以奴才等前奏酌定昌图各官廉俸役食议，令按折扣章程支给，并议将知县办公银两停放，另由征收项下酌提银钱，饬交该府县以资调剂等因。查昌图系属边外蒙古地面，幅员辽阔，治理繁难。奴才等前奏请将升设之昌图府定为养廉银二千两，俸银一百五两，奉化、怀德两县各定养廉银八百两，俸银四十五两，办公银二百两，其余教佐各官廉俸以次递减，并役食等项，均照实银给发，原以边疆瘠苦，必须酌量变通，始足以资治理。且前署将军尚书崇实原议开办斗租，以为添官增兵之费，今此项廉俸役食即在斗租项下动支，以边外所出供边外所需，并非另行请款。若必按照停扣折放，既与原议不符，并亦无以资体恤而养廉隅，部臣议令于征收项下酌提银钱以资调剂。奴才等详加酌核，与其另立名目，不如优给廉俸及办公银两，既有限制，亦较光明，始为实事求是办法。昌图地方官与东边外事同一律，并非他处府县所得，援以为例，合无仰恳天恩，俯念边疆紧要，所有昌图府及教佐各官廉俸役食并办公银两，特恩准予按照奴才等原奏数目，免其减扣，概给实银，实于边务地方大有裨益，谨会同附片具陈，伏乞圣鉴，谨奏，请旨。奉旨，另有旨，钦此。

奏请边外地亩仍请准予税契折片

光绪四年三月，署将军兼总督崇厚会同府尹行巡抚事恩福具奏，再准部咨，以奴才等前奏请将东边外各户置买房地，由府尹衙门发照税契，应毋庸议等因。查奉省东边外，本系一片闲荒，嗣经流民开垦，渐成熟地，民间互买互卖，业已多年，仰蒙圣明洞鉴，准予编入户口册籍，普律升科。经前署将军尚书崇实派员查丈，先收押荒钱文，按户给与地照，奏明在案。现经查明，升科熟地一百八十余万亩，设官征收钱粮。奴才等前奏请由府尹衙门给发契尾，交由地方官办理，税契纸以将来各户倒兑迁移，既不能免随时报税，自易稽查，并非将已发各地照令其再行报税也。今部议行，令毋庸税契，并引江西棚民之案，只准本户子孙承管，不准互买互卖。奉省东边外，幅员辽阔，民气未纯，现在添设地方官，自道员以及教佐，至于数十余员之多，始足以资治理，其与江西铜塘，由棚民附入上饶、广丰两县兼辖者，情形自不相同。若既设郡县之后，而一切地亩仍按民佃官地清理，实觉窒碍难行，部臣虑及嗣后如查有碍及风水，碍及围猎之处，不复听官经理。查边外有关风水地方既经前礼部主事张元益周历履勘，设立封堆，永远查禁，现并随山护砂，各沟塘亦经清出，交兴京副都统督同旗民地方官敬谨守护，围场地亩亦已奏明派员查办，自不至再有前弊。当此边民甫经向化，尚多疑虑之心，办理稍失机宜，关系即非浅鲜，奴才等再三酌核，未便稍存歧视，合无仰恳天恩，准将东边外升科各地按照各州县属地一律办理，嗣后民间互买互卖，概予税契，以定民心而安边境，理合会同附片具陈，伏乞圣鉴，谨奏，请旨。奉旨，另有旨，钦此。

上谕一道

光绪四年三月十九日，内阁奉上谕，崇厚等奏请将东边及昌图各官廉俸等项照数发给实银各折片，奉天东边创辨[①]各事宜与边内不同，自应因时制宜，免

---

① 应为辨，即办。

致办公竭蹶。崇厚等以前请动用款项均系覈实酌定，万难再加折扣，自系实在情形，所有东边官员廉俸、差役工食暨设，立马拨修建工程等项，均着照崇厚等原定数目发给，免其减扣，以示体恤。昌图地方与东边事同一律，该处各官廉俸役食暨办公银两着一并发给实银，免其减扣，他处均不得援以为例。另片奏东边外各户置买房地，请仍发照税契等语，着照所请。东边外升科各地准照各州县属地一律办理，听民间互买互卖，随时报税立契，以昭画一。该部知道，钦此。